社長のための、
会社を潰さない
人材採用術

内定辞退ゼロ

株式会社 Legaseed《レガシード》
代表取締役 近藤悦康
Yoshiyasu Kondo

実業之日本社

プロローグ
（はじめに）

あなたの会社の10年後の理想を想像してください。その10年後は、今会社に所属している人材だけで実現できますか？

もし、10年後の理想の会社を実現しようとしたときに、新しい人材を仲間に加え、組織を拡大する必要があると思われたなら、本書は必ず役に立てます。

あなたがサッカーの日本代表チームの監督になったとしたら、誰をチームに入れるかを最初に考えるはずです。なぜならば、人材の質が成果に影響を与えるからです。私が経営をする上で一番大切にしているのは、人材の採用です。料理でも素材が良ければ、調理が楽です。良い人材を採用できると、組織づくりがしやすいのです。

そんなことはわかっているが、サッカーの日本代表チームならまだしも、知名度の低い中小企業に、素材の良い人材を集めることは難しいと思われる方も多いでしょう。

安心してください。私が経営しているLegaseed（レガシード）という会社は創業して5年の社員20人の企業ですが、毎年1万人を超える学生が応募をしてくれます。2019年卒の採用では、現状9人に内定を出して9人が入社承諾をしています。つまり「内定辞退0《ゼロ》」です。楽天みん就調査の人気インターンシップランキングでは、中小企業で1位。人材業界部門でも1位です。

創業したての時期は、新卒採用は難しく、即戦力になる中途採用で組織をつくる企業が多い中、レガシードでは新卒入社のメンバーが8割です。平均年齢は26歳という若い人材の会社ではありますが、業績は毎年右肩上がりで、経常利益額も日本の全企業のトップ5%に入る結果をつくっています。私には、オフィスもなかった創業当時から変わらない確信があります。それは私たちの採用基準を満たす人材であれば、世の中のどこの会社に入るよりも、レガシードに入社したほうがいいということです。そして、素晴らしい人材と、素晴らしい未来を創造したいと望んでいます。

まだまだレガシードは、私たちが描く理想の会社からは程遠い、発展途上の会社ではありますが、可能性に満ち溢れた社員とこれから入る仲間と共に、一歩一歩邁進していきたいと考えています。

本書には、私が人事コンサルタントとして17年、経営者として5年のキャリアの中で、実践を通して掴んだ人材採用の成功法則を収めました。一人でも多くの社長や、人事・採用担当者の悩みが解決されることを願っています。

目次

第4章 あなたの会社が、第一志望になるアプローチ法

第5章 最後のプロポーズで、大切なのはタイミングとシーン

第1第

学生のホンネ「こんな会社は、内定辞退します」

「もう配属先も決めていたのに」という社長の嘆き

私が経営者として1年の中で一番がっかりする瞬間が、採用したい人材からフラれたとき、すなわち、「内定辞退」をされたときです。結構落ち込みます。

社長の皆さんなら一度や二度は経験があるかと思います。結婚に例えるなら、婚約まで互いに交わしておいて、一方的に別れを告げられ、破談になってしまう。それも、予兆を感じさせることなく、急にやって来る……。

欲しい人材が選考過程を進む中で、社長としてはこの人材にはこの役割を担ってもらい、将来こんな風にキャリアアップしてもらおうとイメージを膨らませています。

しかし、内定辞退をメールや電話で告げられる。正直、「もし君が辞退するなら、この前の選考を受けていたあの子を合格にすればよかった」と後悔するときもあります。

新卒採用は空前の売り手市場の中で、平均内定承諾率は4割といわれています。つまり10人に内定を出しても6人からはフラれるということです。それだけ、現在は新卒採用を成功させるのが難しいのです。でも、私はフラれる会社にはフラれる理由があると考えています。

しかし、長年、私は採用したいターゲットは、必ずといってよいほど自社に入社してもらっています。会社が小さいから、事業の魅力が弱いから、働く環境が整っていないから、給与が安いからと自分の会社の弱さに目を向け、うちの会社だったらしょうがないとあきらめ、嘆く社長が意外と多いものです。弊社にはリクルートやリンクアンドモチベーション、パーソル、レバレジーズなど、人材業界最大手並びに有名企業と天秤にかけられたとしても、内定者が当社に入社してくれています。

まず、大切なことは、有名企業と比べて、すべてで勝とうとしてはダメです。内定者から、「この部分は他よりも上」ないしは、「他にはない」といった「一番強い」ところをつくることが大切です。ストロングポイントは、多くはいりません。ひとつでいいのです。

それをつくれるのは、社長の力です。

私は絶対に後悔しないように、欲しい人材とは、関わり尽くすということを決めています。ここまでやったけれど、他の企業を選んでしまったなら仕方がないと思えるくらい、やれることは全部やり尽くします。

本書では、欲しい人材を確実に採用できるヒントを実際のエピソードも交えて、伝えていきます。〝フラれるがっかり感〟ではなく、〝惚れられる喜び〟を社長の皆さんに少しでも多く感じていただける機会が増えることを願っています。

8～9割の中小企業が、「滑り止め企業」だった

社長の皆さんは、選考を受けてくれる学生を見て、自社が本命のはずだと勘違いしている可能性があります。

中小企業は、8～9割の確率で、最初は間違いなく「滑り止め企業」と志願者は思っています。私たちの会社も「とりあえず来てみました」という学生がたくさん来ます。

売り手市場になると、大手企業から内定が取りやすいと思い、本人だけではなく、学校の先生や両親といった周りの人から大手に行ったほうがいいとアドバイスされます。人はまず第一印象の良い企業、すなわちブランドイメージのある企業がいい会社と思い込んでいるものです。

「滑り止め企業」に対する定義は、ふたつに分けられます。

① 本命企業の面接で失敗しないために、練習台として選考を受ける企業

② 就職浪人をしないように、自分がある程度妥協できるギリギリの会社

大学受験と同じように、大手がダメなときのリスクに備え、保険で受けておくという発想を学生は持っています。一部のベンチャー企業を除くと、一般的に中小企業のほうが採用に対するハードルも低いのが実情です。

面接で、学生は社長にこう言うでしょう。

「御社が、第一志望群です」

「御社に強く惹かれています」

「御社に入社したいと思っています」

この一言で、あなたの会社を高く評価してくれていると思ったら、大間違いです。ある社長は、入社すると言っていた学生が内定辞退をする時には、「人間不信」になるとおっしゃっていました。私もその気持ちがわかります。

「まだ、迷っています」

「3社と検討しています」

と言われたていたらまだ心づもりができますが、そういった本音を聞き出せずにいざ内定辞退を迎えると、がっかり度はピークに達します。

多くの中小企業は、「滑り止め企業」としてポジションから始まります。それを選考中に「本命企業」に変えていくことが大切です。

あなたの会社が、他社をフッてでも入社したい会社かどうかを、まず、社長自ら見つめ直すことから始めましょう。

あなたの会社が、選ばれない5つの理由

就職するにあたって、学生はそれぞれ入社する会社の選社基準を持っています。相手選びの条件と言ってもいいでしょう。もちろん一人ひとりに、会社を選ぶ条件や優先順位には違いがありますが、あなたの会社が選ばれるだけの魅力を持っていなければ、比較される土俵にすら乗ることができません。社長は、内定辞退を嘆く時間があるのなら、内定辞退が起こりづらい魅力ある会社作りに力を注ぐ必要があります。

1．社員はイキイキ幸せに働いていますか？

意外に思われるかもしれませんが、新卒の学生が会社を選ぶ上で一番大切にしている

ことは、そこで働いている社員と社風（雰囲気）なのです。

給与などの条件よりも誰と一緒に働くかを学生は重要視します。というのも、新卒の初任給は企業によって、大きな違いがあるわけではありません。ですから、初任給よりも、社会に出て1日の大半の時間を共に過ごす社員や会社の雰囲気に目を向ける傾向にあります。

イキイキ働く社員は、自分たちの会社に誇りと自信を持っています。そして、やりがいを持ち、主体的に日々働いている人材です。こういった人材は、会社説明会や面接の場面で学生にプラスの影響を与えます。逆に、生活のために働かなければならない、仕事だからしょうがなく働いているような、言われたこと以上の何かを前向きにしようとはしないような人材は、学生にマイナスの影響を与えてしまいます。

社員は会社の鏡です。学生は社員を通して、イキイキ働ける職場であるかどうかを判断しようとしています。

2. 人生をかけるだけのビジョンを描けていますか？

学生が入社するかしないかを最終的に意思決定するときには、学生自身がもしもその会社に入社したら、どんな未来が描けるか、そしてその可能性はどのくらいあるのかを想像した上で意思決定します。

例えば、ふたつの会社で迷っている場合、現状の売上や知名度や仕事内容よりも、入社した先の5年から10年後の自分のキャリア、成長度合い、やりがいを考えて自分の理想に近い未来が描ける道を選びます。

そのため、社長が大切にしなければならないことは、会社の未来におけるビジョンを明確に、そしてワクワクさせるものを鮮明に表現できるようにしなければなりません。今の会社を自慢ができる社長はたくさんいますが、強い確信を持って10年後の未来を伝えられる社長はあまりいません。未来を伝えるということは、その未来を作ることを公言し、約束することです。そこには、社長の覚悟が問われます。

学生にとっては、先の読めない未来の大航海に進む船を選ぶ行為が就職活動です。そのため、未来において強い確信と覚悟を持った船長の船に乗れたほうが安心感を持てるのです。

3．見せかけの福利厚生になっていませんか？

福利厚生には、「法定福利厚生」と「法定外福利厚生」があります。

法定福利厚生は、雇用保険や厚生年金保険などの社会保険料や、「産休」「育児」といった休暇制度です。これに関しては、ほとんどの会社で整備されているので、差別化は図れません。むしろ無いほうが問題です。

法定外福利厚生は、会社ごとに自由に作れるものです。比較的どの企業でも導入されているものが、交通費補助、慶弔関係の休暇、住宅手当の補助です。それ以外にも、家族手当やレクレーション補助、保養施設の利用、社員食堂など、最近では福利厚生のバリエーションも増えてきています。外部委託で福利厚生サービスを導入する企業も出てきています。

しかし、社員が本当に利用したいもので、その制度があることに感謝できるものでなければ、見せかけの制度になってしまいます。会社としてPRのための福利厚生は、社員にとっては大きな効果はなく、逆に社員が喜ぶ制度を作ると、採用活動においてもプラスの影響を発揮します。

例えば当社では、両親を大切にするというコンセプトで、「決算還元金」という制度があります。これは、年に一回決算で黒字が出ると、社員だけではなく、社員の両親、結婚している場合には配偶者や子どもにも金券が送られるというものです。

また、イクメン制度は、男女問わず育児に関わるイクメンは、保育園に子どもを連れていってから、10時までに出勤すればよいという制度です。

このように、自社ならではの福利厚生をつくると他社との差別化を図れます。また、会社として大切にしたい社員への想いや姿勢を表現できることになります。

4. 利益が生まれるビジネスモデルになっていますか?

日本企業の約7割が、赤字企業です。赤字が続いている企業は新卒採用することよりも、まずは黒字経営を実現できるだけのビジネスモデルを確立することの方が先決です。

新卒で入社した人材は、一人前になるには最低でも3年はかかります。その間、育成し組織を維持していくためには、資金繰りに見通しがなければ経営者や幹部社員は安心して経営ができません。

中小企業であれば新卒を採用したとしても、できるだけ早く即戦力となって利益貢献してほしいというのが社長の本音です。であれば、新卒が入社してひとり当たり年間2000万〜3000万円の粗利益を作り出せるだけのビジネスモデルと、教育システムを構築するのが社長の仕事です。

当社は前期の売上高以上の預金残高を常にキープするように心がけています。これはもちろん事業で得た利益だけではなく、銀行からの融資も含めての金額です。黒字でも現金がなければ会社は潰れます。キャッシュリッチの状態であれば、中長期の視点で経営を考え、時間を味方にした良い意思決定がしやすくなります。

社長はまず、利益を出し、金融機関からの信頼を獲得し、安定経営できるだけのキャッシュを持つことも忘れてはいけません。

5．新人を受け入れる体制が整っていますか？

最近の学生は、「教育制度」に価値を重んじる傾向があります。

それは学生が、大手企業であっても会社は潰れる可能性があることや、ＡＩが発達する中で将来なくなる職業や会社があるということも認識しているため、仮に会社が潰れたとしても、自分が生きていけるだけの知識や能力をどれくらい若いうちに体得でき、市場価値の高い人間になれるかを考えているように思います。

当社を受ける学生も、「企業の決め手は、将来一流の人事コンサルタントになるために一番、社内の教育プログラムが充実しているかで決めたい」と言います。今までなかったような比較ポイントでこちら側が勉強になりました。

ちょうど当社も２０１８年度から、社内教育プログラム、資格認定制度を充実させようと動いていたので返答に対応できましたが、成長できそうという感覚だけではなく、これからの時代は教育制度や働く環境、そして企業の未来を示すことが求められているのだと実感しました。

また、環境だけではなく、新人を育てる先輩社員の育成に対する考え方も大切になります。今の時代の管理職のほとんどは、「見て学べ」「わからなければ自分から質問しろ」といった「自分から学べ」という発想が強いものですが、これからの育成は「一緒になって考える」「直接指導し教えてあげる」といった「先輩社員から場をつくる」という発想が必要になってきています。せっかく採用しても育てることができず、辞められてしまっては元も子もありません。入社後に成長できる環境が整っているという安心感を学生に与えられる会社が、これからの時代において選ばれる会社の要件となっています。

学生が、あなたの会社に入社する価値はありますか？

社長は、学生がどのような視点で会社を選ぶのかを知る必要があります。これから学生が会社を選ぶ12のポイントを紹介します。ここで間違っていけないのが、次にあげる12のポイントを全て高めようとしないことです。完璧な人間がいないのと同様に、完璧な会社も存在しません。全てをパーフェクトにしようと思うと、社長自身がプレッシャーに感じるだけです。貴社は何を強みに打ち出すとよいかを考えながら見てください。

学生が企業を選ぶ12のポイント

①経営理念・ビジョン
②経営者
③事業内容（業界）
④商品・サービス
⑤社風・文化
⑥仕事内容
⑦勤務地
⑧社員
⑨待遇（報酬・福利厚生）
⑩成長性（キャリア）
⑪やりがい
⑫規模（知名度・社員数）

いかがですか？　貴社の魅力や強みは、どのポイントにあったでしょうか。

実は、学生が会社選びに迷ったときには、私はこの12のポイントを伝え、次の３つに分類します。

Ⅰ．変わりづらいもの（その会社に入ったらずっと付き合わなければならないもの）
Ⅱ．変わってしまうもの（市場や会社の状況で常に変化しやすいもの）
Ⅲ．変えていけるもの（自分の意思と行動でいかようにでも変化させられるもの）

「変わりづらいもの」にいかに共感が得られるか、また、「変えていけるもの」に対して一番見通しが持てる会社はどこかという視点で会社を選ぶことの大切さを伝えます。「変わってしまうもの」にはあまり右往左往しないほうがよいと伝えます。

企業側も学生に対して「変わりづらいもの」に、いかに共感していただけるかを考えることが大切なのです。

では、12のポイントを3つに分類するとしたら、どうなるかを考えていきます。

Ⅰ．「変わりづらいもの」に当てはまるのが、①経営理念・ビジョン　②経営者　③事業内容（業界）　④商品・サービス、⑤社風・文化です。

①の経営理念・ビジョンは、時代の変化とともに多少の文言が変わることはありますが、その会社の存在意義や何を果たしていきたいかということは大筋変わることはありません。また、コロコロ変わることもないでしょう。

②の経営者も数年の任期制の会社でなければ、たびたび変わることはありません。
③の事業内容（業界）は、事業転換をしている企業もありますし、多角化経営をしていく会社は事業も変化していくこともあります。しかし多くの会社は1社1事業ですので、事業内容が変わることはそうそうないと考えています。
④の商品・サービスに関しても、他社に負けない主力商品・サービスが、ガラッと新しいものに変わることは少ないものです。当然、改善改良を繰り返す中で商品が変化したり、新たなラインナップが加わったりすることはあります。入社後社内で信頼が高まると新しい商品提案もできるようになるでしょう。しかし、御社が世の中で解決したいコンセプトそのものは変わらないので、商品・サービスの根底も大きくは変わらないものと考えます。
⑤の社風・文化も創業から培われた会社の「価値観」や「考え方」が反映された会社のムードであり、これも突然変わることはありません。
この①〜⑤は、学生がもしも会社に入社したら、一生共にしなければならないものです。ですから、この変わらないものに「共感」してもらうことが一番大切ですし、内定辞退を防ぐだけではなく、入社後の定着率を高めることにもつながります。

Ⅱ．「変わってしまうもの」に当てはまるのが、⑥仕事内容　⑦勤務地　⑧社員です。

まず、⑥の仕事内容は、会社の状況や社員の適正能力に合わせて、適時変わる可能性があります。営業職に配属になっても、事務部門に回る可能性もありますし、組み込み系のものづくりのプロジェクトチームであっても、ソフトウェア系のものづくりのプロジェクトチームに移ることもあります。時代の変化が激しい中で、「この仕事しかなくていい」という発想は少なくなってきています。

次に⑦の勤務地も、特定勤務地採用であれば転勤のない雇用形態になりますが、多くの場合は全国勤務も視野に入れた採用となります。働く場所は変わる可能性があります。支社を展開することもあれば、海外進出の可能性もあり、働く舞台は究極のところ地球上であるという発想が求められます。

また、⑧の社員は、特定の社員に惚れて入社したとしても、その社員と同じ部署で働ける可能性が約束されているわけではないですし、その社員が辞めてしまう可能性もあります。特定の「社員」ではなく、「社員たち」に惚れさせることが大事です。

このように、市場や会社の状況によって変わってしまうものを優先順位の上位に置くと、入社後に離職する可能性が上がります。ですから採用段階においても、この3つがいいからといって入社をさせることは危険が伴います。

Ⅲ．「変えていけるもの」に当てはまるのが、⑨待遇（報酬・福利厚生）⑩成長性（キャリア）⑪やりがい　⑫規模（知名度・社員数）です。

まず、⑨の待遇や、⑩の成長性は、自分がどこを目指し、仕事において成果を出すかによって自ら変えていくものです。入社時は初任給も立場も一緒ですが、入社して10年後は同期でも報酬も立場も必ず違いが生まれます。成果を出しているのに給料を上げない社長はいないはずです。

⑪のやりがいは、仕事そのものが与えてくれるものではなく、自ら創造するものです。例えばお茶を出すという業務において、言われたからやるという発想と、商談を成功させられるように温度・濃さ・量を工夫し、出すタイミングなどを考えてお茶を出すとなると、そこにはやりがいが生まれているといっていいでしょう。やりがいがある仕事とない仕事があるわけではなく、自らやりがいは創り出せるというわけです。

⑫の規模に関しては、売上も社員数も知名度も、会社を発展させる中で大きくなっていくものです。会社を成長させるのは、社員一人ひとりの力によるものです。ですからこれも変えていけるものです。

この「変えていけるもの」に関しては、会社から与えられているもののように感じがちですが、入社した会社で自分や仲間と共に創り出していくことが求められるものです。

学生に他社と比較されることなく、好きであり続けてもらうためには、会社の中で変わりづらいものに共感してもらえることが大切になります。

改めて問いかけます――。

1．貴社の経営理念・ビジョンに込められた想いの根底は何ですか？

2．社長自身が大切にしている経営観と人生観は何ですか？

3．なぜ今の事業を世の中に広げる必要がありますか？

4．貴社の商品・サービスで絶対に他社に負けない差別化された強みは何ですか？

5．貴社の社員が大切にしている仕事観、組織の雰囲気を一言で言うと何ですか？

まず、採用活動を始める前に、社長はこの5つを明確にし、人に伝わるように言葉を紡ぐことから始めてみましょう。1～5が研ぎ澄まされたときに、他社と比較され天秤にかけられたとしても、勝てる可能性が高まります。

なぜかというと、「多い・少ない」、「大きい・小さい」、「高い・低い」といった他社との比較ではなく、会社の「考え方・価値観」においての選択肢で勝負することになります。そのうえで学生のこの会社が好きという感覚に訴えかけることができるようになります。恋愛で言うならば、「外見」や「経済力」で勝負するのではなく、「価値観」や「志」といった「心の在り方」で勝負すれから、中小企業が大企業に勝てることができるのです。

少子化の影響で、空前の売り手市場になった

ご存知のとおり、新卒採用における大卒の求人倍率は２０１９年において１・88倍となっています。２０１２年の１・23倍と比較すると、７年間で０・65ポイント上昇しています。さらには、３００人未満の中小企業においては、２０１９年は９・91倍。これは学生が３００人未満のみの中小企業を受験すると、一人当たり平均10社程度内定が出るという計算です。

内定辞退率は60％台に達し、内定を出しても入社承諾をしてくれるのはわずか40％、これは大企業の数字も含まれていますので、中小企業においてはかなり厳しい現実がある

といっても過言ではありません。ちまたでは人手不足が騒がれ、人が採用できないために事業拡大を進められない企業も続出しています。

中小企業が大企業と同じような採用活動を行っても通用しないことは理解している社長も多いと思いますが、他の中小企業と同じようなやり方をしても、結果が出づらい時代になっています。すなわち、今までとは全く違う発想の採用フレームや採用方法を実行していくことが求められます。

当社レガシードでは、社員数20名にもかかわらず、年間の応募人数は1万人を超えています。また、2018年度の採用においては、6名に内定を出し、5名が入社をしています。1名の辞退者も、他社に行ったのではなく東京大学の大学院に進み、海外への留学の道を最終的に選びました。しかし、私としてはいずれ当社に戻ってくると考えています。2019年の採用活動では現状9名に内定を出し、9名が内定承諾書を提出してくれています。

なぜ、最終的に他社ではなく当社に入社をしていただけるかという理由は、内定を出してからフォローする発想ではなく、内定を出すまでの間の「情報の伝え方」「情報収集の仕方」「学生との関わり方」の3つが鍵を握ると考えています。具体的な方法に関しては第5章でお伝えいたします。

学生に内定辞退の本当の理由を聞くと、意外な答えが返ってきた

内定辞退をされた会社は、翌年もその次の年も内定辞退が続く可能性が高いです。

それは「なぜ内定辞退をしたのか?」を学生に深く突っ込んで聞いていないか、たとえ聞いていたとしても対策を立てていないからです。

学生があなたの会社を選ばなかった理由にこそ、貴重な真実が隠されているのです。

「どうして、うちの会社を辞退するの?」

そう聞くと、学生はたいていこう答えます。

「自分が入りたいと思った会社が、他に見つかったからです」

すなわち、あなたの会社よりも、もっといい会社が見つかったということです。ここで「入社したい会社が見つかってよかったね」と話を流してはいけません。

「どんなところが入りたいと決めたポイントなのか?」

「その会社に決めた一番の理由は、何か?」

と聞いていくと、
「自分の力が、一番試せそうと思った」
「一番憧れた社員がいたので」
などと、やっと本音が出てきます。
いい人材であればあるほど、入社する会社で自分がどこまで成長し、貢献できるかということについて真剣に考えています。ですから、「他の会社のほうに魅力を感じている」と言われたら、それは「あなたの会社の魅力は弱い」と同じ、つまり「あなたの会社よりも他の会社のほうが成長でき、幸せになれる」と感じられているということなのです。

内定辞退をされる会社の受け答えには、ふたつのパターンがあります。

まずは電話がかかってきた時点で、すぐに受け入れてしまう会社です。「よかったね、その会社でぜひ頑張ってください」と言ってあっさりと引き下がってしまいます。

もうひとつのパターンは、内定辞退してきた学生に対して粘ってアプローチをかけます。ここでやってはいけないことがふたつあります。

ひとつ目は「他の会社に入ることを受け入れる」こと、もうひとつは「他の会社に入

らないように説得する」ことです。

まず、その学生が他の会社に入ることを認めてしまってはいけません。だからといってその学生が他の会社に入ることを批判してもいけません。そのことを踏まえたうえですぐにその日か、翌日に学生に会って内定辞退をひっくり返す必要があります。この手法については、第6章に詳しく書いています。

内定辞退を電話ないしはメールしてきた時点で、学生は引け目があるので心では会わずに済ませたいという気持ちが働きます。しかし、最終選考まで来ていて思い入れがあること、最終的に他社に意思決定をした理由をきちんと確認したいこと、仮にどんな意思決定になったとしても応援し続ける存在でありたいこと、ここまで最終選考を受けてくれていることに対して直接感謝を伝えたいことなど、きちんと会うべき理由を伝え、すぐに会う機会をとるようにしましょう。

会って話を聞いていくと、内定辞退をする学生は必ずといっていいほど、自社に対する「不安」を持っています。そしてその不安が、親や周りの影響でどんどん膨らんでいることが多くあります。しかし、その不安は社長からするととても小さいこと、すぐに解決できるといったケースが多くあります。

私は「内定を辞退したい」という学生と会ったら、8割ひっくり返す自信があります。**なぜなら、入社の意思決定をする時点で、8割の学生が明確に自信を持って企業を決定できていないのが実情だからです。**

これは、実際にあった例えになります。大手上場企業の人事担当から「連絡する」と言われていたのに、連絡が来なかった。それが引き金で、その会社に不信と不安を持った女子学生もいます。結局多くの学生はその会社から「自分がいかに大切にされているか」を心のどこかで感じているのです。ですから、たとえ小さな会社であっても連絡を密にし、学生の不安を取り除くだけで、内定辞退率は大幅に下げることができるのです。

学生の入社意欲を下げる「やってはいけないこと」

学生の入社意欲を上げることも大切ですが、入社意欲を下げる取り組みを是正することも念頭に置いておく必要があります。学生の入社意欲を下げる取り組みを意外と企業側が理解していないことがあります。社長はもちろん、採用チームのスタッフは、次のことを心に留めておくことが大切です。

1. 連絡が遅い

これは選考を受けた後の合否連絡や、面接の時間の調整の連絡が遅れることです。採用シーズンはとても繁忙期のため、採用スタッフが業務過多で学生への連絡がタイムリーに行われないことがよくあります。合同説明会や会社説明会を運営することも大切ですが、採用したい学生と連絡を密に取り合い、安心して次のプロセスに進んでいただくことが大事です。連絡がないと、自分のことを忘れられているのではないかという不安感を学生が醸成することにつながります。

2. 大勢の中のひとり

電話やメールが決められたフォーマットであると、学生は自分だけに送られてきたという感覚が持てなくなってしまいます。人は十把《じっぱ》一絡《ひとから》げにされることを好みません。採用スタッフは連絡をする前に、どういった背景を持ったどんな学生かということをきちんと頭に置いて連絡することが求められます。なぜあなたを採用したいのかという理由も明確に持っていなければなりません。

3. 他社批判

学生が何社か受けている場合、他社を批判しては絶対にいけません。学生が選考を受けているということは、少なからずその会社がいいと思って受けています。好きと思っている相手を批判されるといい気分はしません。批判するよりも、相手のどこがいいと思っているのかを尋ねてみることです。思わぬところを好きになっている可能性があります。

4．誤解表現

これは実際にあった例ですが、社長を囲む懇親会で、「健康を維持するためにスクワットが大切。スクワットをするときは、お尻の穴に力を入れてやるんだ」と社長は何も悪気がなく雑談の中で話しました。

しかし、その場にいた女子学生は、下品な表現をするセクハラじみた社長と感じてしまい、内定辞退が起きてしまったというケースがあります。学生が誤解するような表現は極力避けなければなりません。特に年配の社長は、学生とのジェネレーションギャップがあることを認識する必要があります。

5．上から目線

社長は色々なキャラクターがいてもよいのですが、学生があまり好まない先輩社員は上から目線の強い人です。例えば、「君たち」「あなたがた」「お前ら」「あいつ」「俺」といった表現をする人です。親近感が持ちづらく、距離が置かれるため、居心地はあまりよくなりません。社長は存在自体がすごいので、自分で「俺はすごい」と言う必要はありません。

意外と些細なことで学生は入社意欲を下げてしまうので、採用スタッフはもちろん、面接官、社長の学生への伝え方・関わり方を工夫することを忘れないようにしましょう。

内定辞退しやすい学生の特徴とは？

内定辞退しやすい学生は、とりあえず内定をとることを重要視しています。だからこそ簡単に内定を出してはいけないのです。簡単に内定を出せば出すほど、内定辞退率は高まります。

今、受けているすべての会社から内定をもらった上で、最後に決めたいという学生もいます。しかし、私はこういった学生は受け入れません。仮に、今受けている全社から内定が出たとしたらどういう意思決定になるかを事前に確認すればいいのです。

親の反対を持ち出してくる学生も要注意です。最後の意思決定に時間を要する可能性があります。親対策については第5章でお伝えしますが、私は親を味方にする作戦を決行します。

要するに、自社への入社をなかなか決められない学生は、「決められない」症候群にかかっているのです。**この症候群には「決める軸を持っていない」「自分で決められない」「今決められない」といった3つの症状があります。**これを解決していくことが求められます。

学生は、いろいろな企業を見ていくと、どの道が「正解」なのかを考え始めます。しかし、選ぶ段階で、いくら考えても正解かどうかはわからないものです。なぜならば「選んだ道を正解に変える」ことが、人生では大切だからです。私は、会社の選び方を助言しますが、「自分が選んだ道を正解にしたいと思える道を選ぶ」支援をしていきます。

後悔なき意思決定は、自分の心の目で判断することです。自分の人生は自分の手で舵をとる覚悟が学生の心に芽生えたときに、本当に自分が進むべき道が理屈を超えて見えてきます。学生の真の想いを引き出すためには、第4章でお伝えする「キャリア面談」の手法をぜひ活用してください。「決められない」症候群の学生も、自分の意思で納得感を持って決められるようになります。

第2第

100人集めるより、10人のマッチする人材が大事

「とにかくたくさん集めたい！」で集めても、全員辞めていく

新卒で入社をして3年以内に30％以上の人材が離職します。この理由として企業側の採用活動に問題があると言っても過言ではありません。一般的に会社説明会から内定が出るまでの期間は、約2か月ですがその間に一人の学生と接触する期間は、わずか5時間程度です。その内訳としては、会社説明会が約2時間、筆記試験や面接で2〜3回来てもらい、接触する時間は合計でも3時間程度です。

就職活動と結婚相手を探すのは似ていると言いますが、結婚相手を5時間で決めるのは難しいものです。とはいっても、企業は一人ひとりの学生と長時間にわたってお互いを理解し合う選考を個別にするのは物理的に難しいものです。ですから、なるべく多くの学生応募を集めて、エントリーシートや筆記試験でふるいにかける採用手法を多くの会社がとっているのです。

しかし、中小企業が大企業と同じ戦略をとってはいけません。そもそも、中小企業の場合、新卒採用の選任の担当を置くことが人員的にできない会社が殆どです。総務を兼

務した採用担当は、業務的に面接の案内をして選考を進めるための連絡係のような役目になってしまっています。本来採用担当者は、応募してくれた学生が自社に魅力を感じ、入社したいという意欲を高める存在です。

ですから、中小企業はたくさんの応募を集めて選抜する方法ではなく、採用ターゲットを効率的に集め、一人ひとりと密に関わり、確実に採用する方法をとらなければならないのです。実際に、大手就職サイトへの広告掲載や、大規模合同説明会への出展を見直す企業も増えてきています。

「新卒採用で、一番望むものは何ですか？」と社長に尋ねると、

「人を多く集めたい」とおっしゃいます。

しかし、私は100人の人材が集めるよりも10人の欲しい人材を集め、確実に採用するほうが効率的だと考えます。会社説明会にたくさん学生が集まると、学生にとって人気企業のように映るといったプラス要素が働くという考えを持っている社長もいます。そういった社長は、新卒の人材紹介サービスを活用することをお勧めします。最近の相場だと紹介会社経由で新卒の人材を一人採用すると60〜120万円程度です。平均80万円くらいです。採用するかどうかは別として、複数社の紹介会社に採用ターゲットのイ

メージを伝え、会社説明会に集客してもらいます。５社から10名ずつ説明会に動員してもらうと、それだけで50名が着席します。

また、学生をスカウトできるサービスやアプリがあります。一人ひとりを検索してメールを打つという手間はかかりますが、出会える確率は大手就職サイトよりも非常に高いです。学生にしても、自分に興味をもって会いたいと言ってくれるわけですから、興味をもつのは明らかです。会って話せば採用できるという自信のある社長は、スカウト型の、採用したい人材に直接アプローチできる方法をおすすめします。

ここでよく考えていただきたいのですが、新卒採用とは本来、人を採用することだけが目的ではないはずです。採用した人材が活躍し、戦力となり定着してもらうことを求めて行うものです。どのような人材を採用したいかによって、人の集め方が変わります。まず社長は、次のステップで採用したい人材像を明確にすることから始めてください。大切なのは、今までの人材で考えるのではなく、理想の人物像から逆算して考えてみることです。

1．採用する人材にどのような仕事（業務）を担ってもらいますか？（1～3年目）

2．その仕事（業務）で具体的に生み出してもらいたい成果は何ですか？（1～3年目）

3．その成果を創り出すためには、どんな困難や難しさがありますか？
4．その困難や難しさを乗り越えて成果を創りだせる人はどんな人材ですか？
5．そのような人材は大学時代、どこで何をしていますか？
さらにこれまでどのような経験をし、どのような能力や考え方を持っていますか？

「優秀な人材」ではなく、「会社に合う人材」を採用する

あなたが考える優秀な人材の定義は何ですか？
「学歴が高い」「印象が良い」「素直である」「体育会系」「ストレス耐性がある」などいろんな言葉が頭をよぎるのではないでしょうか。私が思う優秀な人材とは、与えられた役割の中で期待以上の成果を生み出せる人間です。期待以上の成果を出す人材は、能力や経験があるだけではだめです。「会社に合う」人材でないと長続きはしません。会社に合うかどうかは3つの視点で見ていきます。

ひとつ目が、「価値観」です。

価値観とは何を大切に生きていきたいか、働いていきたいかというスタンス（心の在

り方）です。例えば、弊社では「自分の人生が良くなればそれでいい」「ラクして儲けたい」「会社が私を幸せにしてくれるはず」といったような人間は合いません。私は、自分だけではなく、人の人生を良くすることに全力になれる人材、自分の手で会社や組織を良くしたいという向上心を持った人材を採用します。

弊社では、「10のフィロソフィー」「乗船の掟・賞賛の灯」（左ページ参照）といったレガシードの船に乗る上で共通して大切にしてほしい価値観を言語化し、共有しています。その価値観を自分自身も大切にしたいという人材が、弊社で活躍します。

ふたつ目が、今いる「社員」と合うかどうかです。

極端な話ではありますが、ある会社の社長は、上位校の学生（国立大学、早慶MARCH、関関同立クラスの大学）は採用しないと決めています。なぜかというと、今働いている社員に上位校の出身者がいないからです。自分の能力以上の部下がチームに入ると、今いる社員が働きづらくなるとその社長は言います。既存の社員との相性が合わないと、お互いのパフォーマンスが上がらなくなります。

まず新しい人材を採用するときは、自社で働いている社員が育てやすい人材、また今の会社の環境下で育ちやすい人材を採らなければなりません。私の会社の社員の複数人

10のフィロソフィー

1. 100% 当事者
誰かに依存せず、最後まで自分の舵をとろう

2. オールウィン
誰かが勝って、誰かが負ける発想ではなく、皆勝利を目指そう

3. 即決即実行
チャンスは嵐のように一瞬で過ぎ去る。未来が開かれるものは、その場で決断し、即実行しよう

4. 時間は命
すべてにおいて相手の命をいただいていることに感謝し、1秒でも早く、1つでも多くの感動を与えよう

5. お金は仲間の汗
会社のお金は仲間が必死になってはたらき、お客様からいただいた大切なもの。1円の無駄をなくし、感謝して使おう

6. 先読み行動
今をみるのではなく、自分のことだけを考えるのではなく先を見据え、周りに配慮し、必要な行動をいち早くとろう

7. 徹底追求
99度と100度には大きな違いがある。そこまでやるかに挑戦し続けよう

8. 正々堂々
素直で、正直で、誠実で、着実な行動で信頼を積み重ねよう

9. GIVE∞
誰かのおかげで自分が輝ける。だからこそ、誰かのために進んで貢献しよう

10. 超超越
自分達にしかできない価値を創造するために常に自己変革し続けよう

乗船の掟・賞賛の灯

以下の6つを守れないものは、レガシードの船から降りてもらう。

乗船の掟

1. 時間を守らず、遅刻や遅延を繰り返さない
2. 陰口や文句、非協力的態度で、仲間を裏切らない
3. 日々の報告は良いことも悪いことも毎日怠らない
4. 自分がやるという当事者意識を欠如させない
5. 皆でやるイベントや取り組みには積極的に参加する
6. 時間をかけること頑張ることを美学にしない

以下の6つを守れないものは、レガシードの船から降りてもらう。

賞賛の灯

1. 言われる前に想像を超える行動をとる
2. 人を喜ばせ、感動を与える行動をとる
3. 成果にこだわりきる行動をとる
4. 今までにない新しいものを生みだす行動をとる
5. 誰かのために本気になった行動をとる
6. 次の世代に本質を継承するための行動をとる

が「あの人はレガシードっぽくないですよね」と言った人材は、採用しても全員長続きしませんでした。どうやら社風に合う人材かどうかは、社員が感じ取るようです。社風は、社員が働いている中で形成される文化や雰囲気だからです。

もしも、会社をガラッとイノベーションさせたい社長は、今いる社員とは違う感覚の人材を採用したいと思うでしょう。その場合は、採用段階から社長自ら関わり、採用した後も、社長直下のプロジェクトチームに配属し、今いる社員と共存していく手立てを講じる必要があります。

3つ目は、「ビジョン」との相性です。

入社する人材にとって、就職するということは航海をする際の船を選ぶことと同じです。みなさんも旅に出る際は、その船がどこ行きの船なのか気になるはずです。ですから会社が目指す未来像、将来のありたい姿、事業展開に共感してもらい、共にビジョンを実現させたい人材を採用することが大切です。

レガシードに入社する人材は、レガシードが将来社会に創り出したい世界観に共感をして入社を決めます。ビジョンに共感する人材を採用できると、どんな役割や職務を与えても全うしてくれます。なぜならば、会社が掲げる理想の方向がわかっているからです。ビジョンに共感せず、目先の条件のみで人材を採用してしまうと、船乗りに例えると、「私は帆しか立てたくありません」「オールを漕ぐのは、しんどいのでやりたくありません」と言い出しかねません。

大切なのは、どんな仕事をするかというよりも自分が所属する会社（乗船する船）に誇りを持ち、さらに成長させたいという気持ちを持ち続ける人材を得ることです。新卒で採用する人材は、今の会社をつくるために採用するわけではありません。未来の理想の会社を共に創るために採用するのです。

会社に合う人材が、毎年採用できるまでには3年かかる

採用活動は営業活動に似ています。営業でも市場に商品の認知をつくり、購買意欲を形成し、その範囲を広げていく活動です。私の持論になりますが、新卒採用活動において、学生マーケットに認知を広げ、採用したいターゲット人材の層に訴求し始めるには、3年くらいの期間がかかるかと思います。

弊社も社員2名の創業期の２０１５年度から採用活動を始めましたが、２０１８年度

に1万名の応募を超えました。そしてターゲット層の学生と会える確率が増えてきました。もちろん大手就職サイトに求人広告を掲載したり、早期の合同説明会に参加をしたりすることもありますが、私がもっとも「会社に合う人材」を集めるために工夫していることをいくつか紹介します。

私の根底にあるものは、「類は友を呼ぶ」という考え方です。人は、自分と価値観が合わない人とは友達にはならないものです。また、一緒にいても気が合わない人や、将来描きたい生き方が、かけ離れている人ともあまり友達になることはないでしょう。つまり、採用したいと思う人材の周りには、採用したい人材が潜んでいる可能性が高いのです。

弊社では、ある社員が学生時代に学生団体で活動をしていて、その後輩に弊社を紹介し、そのまま入社したケースがあります。また、ある社員は学生時代に一緒に塾のアルバイトで働いていたメンバーに声をかけ、弊社の長期インターンシップをすすめ、実際にふたりの学生が取り組み、ひとりは入社しました。最近では、弊社でコールのアルバイトスタッフをしていた人材の中で、社員が3カ月一緒に働く中で、この人材を社員にしたいという声を私に上げ、中途で採用したメンバーもいます。そのメンバーも友人に誘われて、弊社のアルバイトを始めました。このように採用された人材は、お世話になった先輩から、紹介され、推薦されたという面目があるので、入社後の活躍が期待できるのです。

最近では、リファラル採用という採用方法が外資系企業の間で注目され、日本にも広がっています。働いている社員の身の回りの友人や知人の中で、自社に合う人材に声をかけてもらい、自社の選考に来てもらうという方法です。

レガシードでは現在、長期インターンシップを経験した大学4年生を中心としたメンバーに、翌年の大学3年生向けの新卒採用活動のマーケティングの一部を一任しています。例えば、5月中旬からインターンシップの合同説明会が始まりますが、そのブースのプレゼンテーションや運営はすべてインターンシップ経験者の大学生が担っています。半年以上活動を共にしている学生だからこそ、レガシードに合う人材かどうかを感覚で掴んでいます。そして、彼らが出会った学生の中で、評価の高い学生には、私や社員との「食事会の招待券」を渡すようにし、採用につなげる活動をしています。

また、会社に合う人材を効果的に集める方法は、「口コミ」を活用することです。インターンシップや選考を受けている学生から、友人や後輩に良い口コミが広がると、自然と求める人材が集まります。口コミはどうすれば起こるかというと、インターンシップや会社説明会、選考会に来た学生が満足するだけでは起こりません。人が口コミするときは、相手に伝えたときに、その相手が「へー、なにそれ!」と驚くことを期待して伝えます。つまり、口コミをする理由は、相手を驚かせたいという気持ちが働いているのです。つまり、口コミを生むためには、満足を与えるだけではなく、「意外性」が必要になってきます。人に言いたくなるようなネタを採用活動の中に埋め込んでいきます。

レガシードでも、学生の多くが口コミから応募にいたります。どんな風にうちの会社を知ったのか聞いてみると、「めちゃくちゃためになるから行ったほうがいい」「すごい成長できるインターンシップがある」「オフィスが宇宙船みたいで一度は見に行ったほうがいい」「こんなに親身に関わってくれる社員がいる会社は他にない」「非常にユニークな発想で経営をしている社長がいる」などの回答がよく挙がります。

そして、口コミの際には必ず、「あなたにきっと合う会社だと思うよ」「あなたが求めている会社かもしれない」と言ってくれています。つまり、口コミとは、自社に合う人材に情報が伝達されるのです。合わないであろう人に、あの会社は行ってみる価値があるとは言わないものです。

学生に価値あるインターンシップや選考活動をしていたら、年々応募が増えていきました。というのも、新卒採用は同世代同士の口コミだけではなく、先輩から後輩にも伝播するからです。学生が就職活動を始めようとすると、まずは部活やサークル、ゼミの先輩に「どこかいい企業知りませんか?」「おすすめのインターンシップって、どの企業ですか?」と尋ねます。そこで、自社の名前が挙がれば、自然と応募が増えるのです。しかも、就職サイトや合同説明会で予約をとっても実際に着席する率は3〜5割程度です。しかし、口コミで広がった学生の会社説明会の着席率は約8割です。この点からも口コミによる集客のメリットが、どのくらい効果的かご理解いただけると思います。

さらに、力を入れ始めているのが、大学1、2年生へのアプローチです。最近の都内の大学生の傾向として、大学に入学するとサークルや部活を探すように、企業のインターンシップを探す学生が増えているように思います。実際に、弊社の長期インターンシップにも、大学一年生と二年生が取り組んでいます。こうした人材を集めるには長期のアルバイトとインターンシップの間のような魅力的な企画を用意することが大切です。

ほとんどの会社のインターンシップが1DAYインターンシップです。当社のように、長期で実務経験ができるインターンシップはわずか5%ほどです。そのうえ、大学1、2

年生から参加してもよいインターンシップはごく稀です。私は逆にこのことをチャンスとして捉え、大学1、2年生が参加できる長期インターンシップを企画しました。意識の高い人材は、1DAYインターンシップよりも長期で自分の実力をつけるインターンシップを探しているのです。弊社のインターンシップに19歳で参加している学生が、このまま卒業までインターンシップに取り組み、就職してくれた場合、約3年半の下積みを経て、入社することになるので即戦力になるのは明らかです。

このように大手就職サイトや合同説明会とは違うルートで採用ターゲットを集めていく取り組みをしようとした場合、それが実になるには、やはり3年ほどかかります。新卒採用で良い人材を毎年採用できる体制にしたいなら、まずは3年間、地を固めるために学生が価値を感じるインターンシップ、会社説明会、選考プログラム、面接・面談などの企画をしっかりと作り込み、社員の採用力を高める施策を打つことが大切です。

人が集まるかどうかは、社長のプレゼン力で決まる

会社に合った人を集められるかどうかのカギは、社長のプレゼン力です。中小企業の

場合、会社説明会で社長がライブで話すのは当たり前です。社長以上に会社のことを確信を持って伝えられる人はいないからです。

しかし、このような社長がいます。

「私は人前で話すのが苦手なので……」

「社長があまり前に出ないほうがいいのでは……」

「社長の業務で忙しいのに時間をとられるのは困る」

こういった社長のもとには、人は集まってきません。私が年間スケジュールを組む際に、最初に決めるのが新卒採用の予定です。インターンシップ、会社説明会から最終選考会の日程を押さえます。経営者としての最優先事項のひとつと捉えているからです。

私が学生の前で話す際には次の5つの「観」を交えて必ず話します。「観」とは、真理や本質を意味します。社長はうわべの話ではなく、真髄に迫った話をしないと学生の心をつかむことはできません。

1.「人生観」を伝える

まずは、社長としての人間性を知ってもらうことが重要です。ご自身が、どのような人生を歩んできたかを話します。その際、自分の人生を大きく変えた人生のターニングポイントについてエピソードを話すと効果的でしょう。

私の場合は、自分が高校時代に父親が癌で他界した瞬間に感じたこと。自分を心配して書道の道に誘ってくれた恩師のこと。大学時代は金髪で就職活動すらしていなかったこと、なぜ創業しようと思ったのかということなどをお話しします。

この社長はどんな苦難を乗り越えて、どのような人生観を持って生きている人なのかを学生に察してもらいます。中小企業の場合、この社長のもとで働きたいと思えるかどうかは、会社選びの重要ポイントです。気をつけてもらいたいのは自分の自慢話にならないようにすることです。大切なことは、根底に感謝の心があるかどうかです。今、自分が社長をできているのは多くの人の支えがあったから、そのことを忘れずに伝えましょう。

2.「経営観」を伝える

誰のために、何を果たすために会社を経営しているのかという「経営の目的」を話します。多くの企業が、経営理念に集約されているはずです。起業したきっかけでもあります。さらに、その理念を具現化するためにどのような会社をつくろうとしているのかを伝えます。

私が経営をする上で、第一優先で大切にしていることは、「社員とその家族」です。働いている社員が仕事にやりがいを感じ、一人前に成長を遂げ、幸せな家庭を築き、物心ともに豊かになってもらうことが、この会社を創った理由でもあります。そして、今の自分を育ててくれた両親への感謝を忘れない組織でありたいと考えます。社員とその家族が幸せであるからこそ、お客様に良質なコンサルティングサービスを提供できるのです。

正直、思っているだけではダメなのです。具体的にどのような制度や環境があるのかを目に見えるようにすることが大事です。その制度や環境をどういった仕組みで創り上げているかを学生にしっかりと伝えます。また、社員との座談会で社員に触れてもらうことで、その情報はより確固なものとして学生に伝わります。

3.「職業観」を伝える

自社で「働く」とはどういうことかを伝えます。働くということはそもそも、「生産活動」です。学生は日々「消費活動」しかしていません。生産活動とは、価値を創造し誰かの役に立つことです。その結果、感謝と報酬を得られるのです。お金をもらって仕事をするのではなく、いい仕事をするからお金をいただけるということからしっかりと伝えていきます。

よく、私の会社の仕事は「外科医」の仕事だと伝えています。〝ワクワク楽しい仕事〟ではないことを伝えるためです。医者は手術をする際に、ニコニコ笑いながら、楽しく仕事をしているはずはありません。1㎜、1秒のミスも許されない集中力と緊張感をもって取り組んでいます。一心不乱に集中して取り組んでいるのです。本当の意味でのやりがいを感じるのは、手術を成功させて患者様から「先生のおかげで大切な命が救われました」と感謝の言葉をもらうときではないでしょうか。

例えば、「石を積む仕事」もどこを見て働くかによってやりがいは変わります（左ページの図を参照）。石を積まないと給料がもらえないからと思って仕事をしている人もいれば、壁や建物をつくるためにと仕事をしている人もいるでしょう。さらには、人の心を癒す空間をつくるためと思って、建物を建てたその先に人が喜んでいるイメージに向かって仕事をする人もいます。仕事の行為に焦点を当てるのではなく、その仕事の先にある価値や意味を言語化しつつ、汲み取ることが大事です。

貴社の仕事はどのような感動を創造し、やりがいを感じる仕事でしょうか？

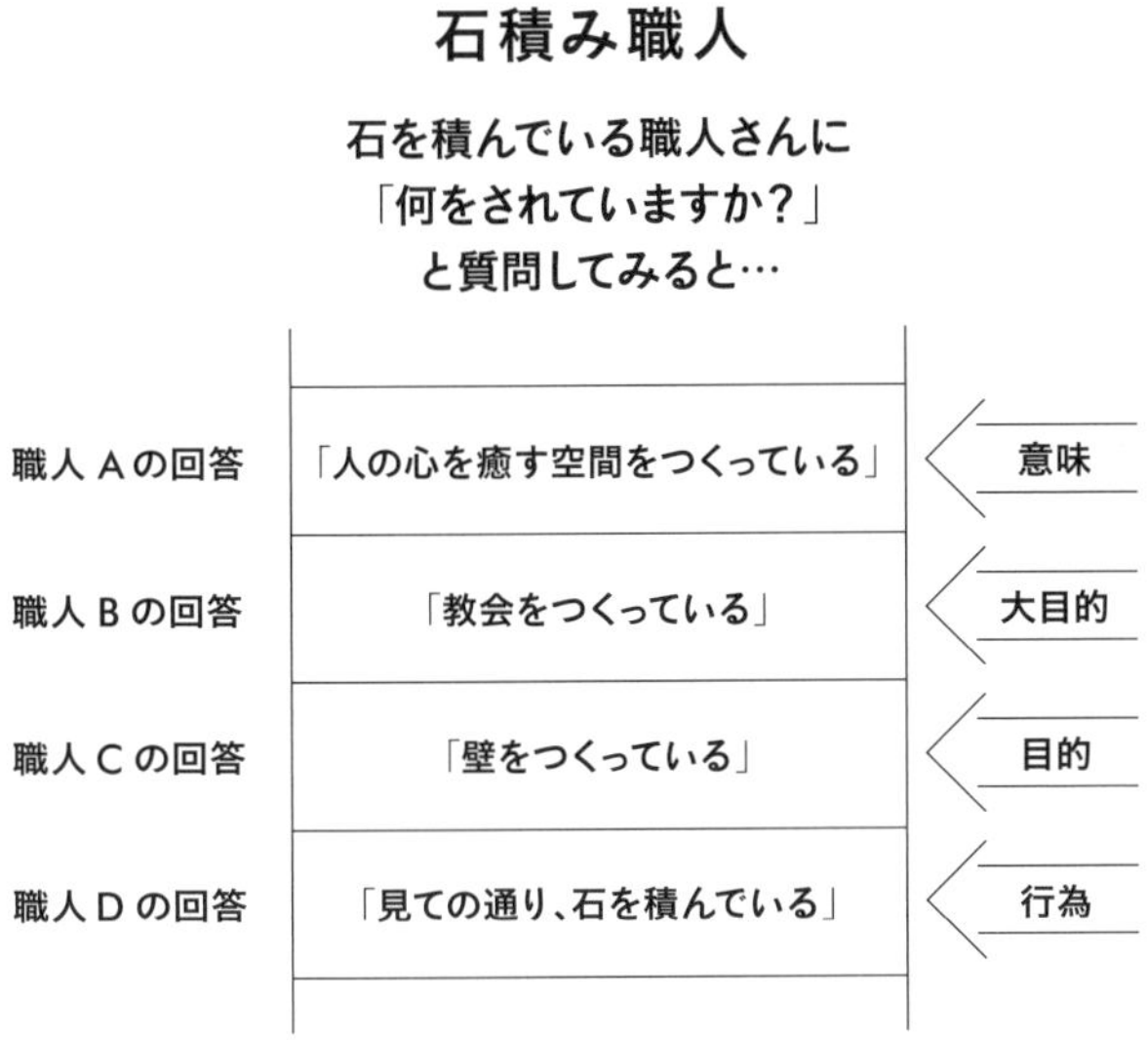

改めて貴社の職業、仕事の魅力の再定義をしてみては、いかがでしょうか。

4.「価値観」を伝える

自社で働いている社員が何を大切に、どんな考え方で働いているかを伝えます。私たちの会社には「10のフィロソフィー」（45ページで紹介）があります。その全ての根底には「プロであろう」「人を思いやろう」というメッセージが込められています。

例えば、コンサルティング会社は世の中にたくさんあります。しかし、どこを目指すかによって、働き方や求められる基準が変わります。弊社は、今は小さな

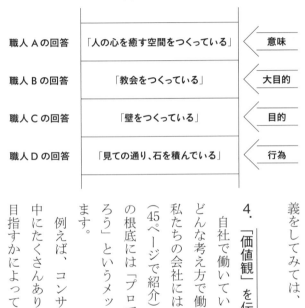

会社でも、将来のビジョンは壮大です。そして、お客様や仲間や学生を思いやることにストイックです。

弊社、レガシードらしい社員の働き方を具体的なエピソードを交えて話します。選考においては、プロフェッショナルになりたいと思わない学生や、人をとことん思いやることを嫌う学生はその先へは進めません。自ら選考辞退してもらうことが私は一番理想だと思います。ですからはっきりこういった人材でないと、うちで働くのは難しいと最初から断言します。

5.「世界観」を伝える

我が社が目指す未来像と、入社した後のキャリアイメージを学生にきちんと話します。まず、5～10年先にどのような会社に成長し、どのような事業を展開しているのかを鮮明に伝えます。写真や映像などがあると、よりイメージがしやすくなるかもしれません。

未来を伝えるということは、社長にとっても腹をくくる機会になります。社長が会社の未来に覚悟を持っていない会社は、人が逃げていってしまうでしょう。私がビジョンを伝えるときに意識するのはどんな社会問題を解決したいか、今の世の中をどう変えていく必要があるかといった「社会的使命」を添えて伝えることです。使命なき想いは伝わりません。

「こんな未来を創れるのであれば、この会社に入社する価値がある」と実感してもらえるように想いを込めて伝えることが大切です。

社長が会社説明会で伝える時間は、20分から長くても1時間以内に収めることが理想的です。もう少し聞きたかったなぁ、というぐらいの尺で話すことを私はおすすめます。気をつけていただきたいのは、パワーポイントのスライドを1枚1枚説明するようなプレゼンテーションをやってはいけません。

話す内容を考える際は、スライドを作ってから話を考えるのではなく、話を作った上で、その話を補足するような写真やグラフ、キーワードを投影する程度が理想的でしょう。つまり、学生がスライドに注目するのではなく、社長の心に意識が向くようにするのです。最悪、スライドがなくても構いません。上手にプレゼンテーションをしようとせず、自分らしく話すことが大切なのです。

そして、学生が貴重な時間を費やして、自社の会社説明会に足を運んでくださっていることに感謝をし、何かひとつでも学生のためになり、学生が来てよかったなぁと感じてもらえるように話をすることを心がけましょう。

この5つの観点で、社長のポリシーをはっきりと伝えることができれば、会社に合う人材の選考がスムーズに進むようになります。当たり障りのない表現や、みんなに響くような言葉選びよりも、欲しい人材が共感するメッセージを届けることが社長の役目です。弊社の会社説明会では、私がその旨をはっきり伝えています。だいたい、次選考の課題を期限内に提出する学生は20％程度ぐらいです。少ないと思われるかもしれませんが、その数で充分です。我が社に合わない人材が選考に進んでも、お互いの時間がもったいないだけですから。

毎月開催している弊社の「Open Company（オープンカンパニー）」（会社を1日開放する会社説明会）で、私のプレゼンを聴講に全国から社長も見学に来られます。退屈にさせない工夫をしているので、参加学生が1時間集中して話を聴く姿に社長が驚かれます。

面接に来た学生に「会社を好きになってもらう」方法

当社では基本、面接はしません。本人が自社で活躍する人材かどうかは面接以外の場面で判断します。これに関しては、第3章で紹介しています。では、私たちの会社において面接とはどういう位置づけかというと、目の前にいる学生が理想の人生を実現するためにどんな情報や環境を提供できるかを考え、一緒に未来を創造することです。そのため、私たち企業側と学生側が対等の目線で話せる環境を作ります。

私たちの面接では、円卓で隣に座って会話をします。まず、学生の理想の人生や、どんな風に社会で働きたいかを尋ねます。そして、どういった会社を受けているのか、各社の選考状況を具体的に質問をしながら、確認していきます。

就職活動も後半に差し掛かると、どういった基準で会社を選んでいいのかがわからなくなり、本当に自分がしたいことは何なのかを見失うことがよくあります。また両親と意見が合わず迷ってしまう学生もいます。時にはつき合っている相手と離れ離れになることに対する相談などをされることもあります。

私が心掛けていることは、相手が心に持っている不安や悩みを少しでも解消し、自分の意思で納得した就職先を決められるように、本音を引き出してあげることです。

私は社長なので、採用した人材が自社で働くことで幸せな人生を歩み、物心ともに豊かになってもらう責任を担っています。その責任を果たすためにも、その人材が自社に入社した先にどんな未来を描くことができるのか、またその人材が自社でどう活躍できるのかをしっかり伝えることにしています。

人は人から必要とされたときに一番、心が動きます。ですから「あなたとともに未来を描きたい」「あなたとともに働きたい」ということを直接、目を見て本気で伝えることが大事です。

面接で社長がやってはいけないことは、自分の会社を好きになってもらおうと自社PRをし過ぎることです。まず、「相手のことを深く知ること」が大切です。相手に好きになってもらうことよりも、自分が相手を好きになることが先決です。まずは、相手に関心を寄せましょう。

あなたが面接をした際に、学生があなたに対して、「一番自分のことを理解してくれ、真摯に向き合ってくれ、応援してくれた人」と言われるような面接官になることが、私が考える理想の姿です。面接は判断の場にするのではなく、お互いが大切にしていることをすり合わせる場にすると、学生との距離感は近くなり、選考辞退や内定辞退が減ってくるのです。具体的な面談の進め方は、第4章で紹介します。

採用したい人材がなぜか集まる、7つの仕掛け

私は、常日頃から一緒に未来を切り拓く人材と出会いたいと思って生きています。食事に行った際にも、電車に乗っていても、いい人材がいないかといつも見ています。そして、いい人材と出会うと、今すぐではなくても、いずれ自社に入社してもらうにはどうしたらいいかを考え、関わりを始めます。私たちの採用したい人材と出会い、入社してもらえる確率を高めるために次に挙げる7つの仕掛けを実践しています。もしも、御社でやっていないことがあれば、ひとつだけでもいいので実践することをおすすめします。

1. 採用基準のハードルを下げない

売り手市場になると、選考辞退や内定辞退が増えるため、内定者数を確保するために採用基準のハードルを下げる企業が増えます。採用担当の評価基準は採用目標人数が達成できるかどうかなので、数合わせの採用になりがちです。採用基準のハードルを下げると、ふたつの落とし穴に落ちます。

ひとつ目は、入社した人材が、思うような活躍ができず、現場から不満が起こると同

時に、離職の可能性が高まります。もうひとつが、採用基準を下げてしまうと、本当に採用したい基準の人材が逃げていきます。優秀な人材は優秀な人材と働きたいと思っているからです。

弊社は、年間の応募が1万人を超えますが、役員面接をするのは20人以下です。そして、厳選し、ハードルも下げません。ハードルを下げるくらいなら採用はしません。採用しようか迷う人材は採用してはいけないのです。私の理想は、「あの会社は入社したいけれど、入社するのが難しい会社」という採用ブランドを確立させることです。そうすれば採用された人材も、数多くの人が入社したいと願った難関の中、選ばれた人材であるということに誇りを持ちます。限られた人にしか手にできないチャンスがもらえたという実感が高まるのです。

2. 通年で採用活動を行う

一般的に新卒採用の会社説明会は、3月～5月に集中して開催されます。つまり、学生はその時期に会社を発見できなければ、選考に進むことは基本できません。弊社では毎月、会社説明会を実施しています。多い月ですと6回、少ない月でも2回は実施します。新卒であろうが、中途であろうが、レガシードに興味を持った人は誰でも参加できるプログラムになっています。私たちの会社説明会は、「Open Company（オープンカンパニー）」という名称にし、大学のオープンキャンパスのように、会社を開放し、代表の私の話を聞いたり、オフィス見学や社員との座談会があったり、グループワークを通して仕事の体験をしたりしています。1回3時間で、多いときは1日3回行います。この日は、社員も内定者も全員その会に参加します。

毎月開催する理由は、弊社に興味を持った候補者が、会社理解ができるイベント日程を直近に用意することで間口を広げるためです。また、毎月1回以上社員がオープンカンパニーの場で参加者に対して、仕事のやりがいや自分のキャリアについて話すことで、自分の仕事を振り返る場となる。社員教育の一貫としても捉えています。

卒業間近の大学4年生の2月、3月に弊社を知り、1か月のインターンシップを経て、入社する人もいます。いつ、どのタイミングで、欲しい人材と出会えるかは、正直わかりません。ですから欲しい人材と出会える機会を定期的にとれる仕組みを作ることが大切です。

3．社員全員が採用に関わる

中小企業で、新卒の採用担当者を専任で置いている企業は稀です。弊社は、新卒採用担当はいますが、全社員がリクルーターとして、採用チームに兼務で配属され、活動することが求められます。社員が常に、いい人材を仲間に入れたいという意識を持ち続けさせることが、欲しい人材と出会える確率を高めることになります。よく社員から、「今日会った学生は、すごいレガシードにあっていると思うので、一度会ってもらえませんか？」といった要望を受けることがあります。また、社員が、客先や取引先に伺ったときに、「あそこの社員の○○さんのような人材がレガシードに来るといいよね」といった会話を社内で聞くこともあります。弊社の社員はきっと、誰かと出会ったときに、自社の仲間にできるだろうかという視点でも見ています。社員のお眼鏡にかなう人材が採用したいターゲットである確率が非常に高いです。

全社員を採用活動に関わらせる上で大切なことは、社長が全社員に向けて人材採用活動の重要性を周知させることです。そして、社長自身が採用活動におけるスケジュールの優先順位を上げることです。この1年で、誰を採用できるかで10年後の会社が変わることを忘れず、目先の売上をつくることだけではなく、長期視点においての人材確保も優先させたほうが賢いでしょう。

4．運命感を引き出すスカウトを使う

「新卒の求人媒体は?」と聞くと『リクナビ』『マイナビ』『キャリタス』のような大手就職サイトを連想するかと思います。しかし、こういった大手就職サイトは、マスの学生に対して求人を出し、学生の反応を待つ形式のサイトです。我が社を発見してくれるか、くれないかは「運」任せです。

2013年卒のリクナビの企業掲載社数は約6000社でしたが、2019年卒のときは、3万社を超える企業が広告を掲載しています。名の知れている大手企業なら別ですが、無名の中小企業が、3万社の中から検索で発見される確率は極めて少ないです。年々エントリー数(応募者数)が減っていると嘆いている社長も多くいます。

弊社では、リクナビやマイナビにも掲載はしていますが、実際に採用している人材は、違うルートから来ていることがほとんどです。例えば、ある社員は「VISITS OB」というサイトからスカウトメールをもらい、そこから長期インターンシップに参加し、入社しました。また、ある社員は『キミスカ』というサイトで、同じ大学で同じ学部学科の先輩社員からスカウトメールを受けとり、そのあとで面談をし、選考に進んで、入社しました。他にも『OfferBox(オファーボックス)』『Matcher(マッチャー)』といったサイトやアプリなど、企業側が学生を検索し、興味を持った学生に、個別に直接アプローチができるサイトが注目され始めています。

学生は自分に会いたいというオファーが来ると、運命感を感じ、好意的に捉えてくれます。もちろんスカウトの手法は、企業側が学生を検索し、一人ひとりの学生情報を見た上でオファーをするため、時間がかかります。しかし、リクナビやマイナビの「WEBDM」と比較すると、学生の反応率は桁違いです。多くの学生に伝達する発想から、欲しい人材に絞ってアプローチする発想が、これからの採用マーケティングには求められています。

5. 深追いしすぎず、出戻らせる

採用したい人材を口説くためには、何度も接触をしたほうがいいです。もちろん弊社も、採用したい人材には、できる限りの情報や環境の提供を行います。それでも自社ではなく、他社で働くという意思決定をする学生も中にはいます。そのときは、私は深追いしないことにしています。それは、他社を経験した上で、いずれ自社に戻ってくることを信じているからです。もちろん他社に入社した後も関わりを絶やしません。

実際に弊社でも新卒で2年間アルバイトをしていた採用ターゲットの学生が、最後まで迷った結果、4月に他社に入社しました。しかし、入社してみると、自分が思い描いていた会社と違うと感じ、さらにはレガシードという会社をやはり成長させたいという気持ちが消えず、その会社を5月に退社し、6月に出戻り、社員になりました。後で聞いた話ですが、弊社の社員が、彼が他社に入社した後もコンタクトをとっており、レガシードの状況を共有してくれていたようです。一時的にフラれても、最終的に帰ってきてくれれば、それでもいいのです。

選考の中で、入社を迷っている学生には、自社のことを伝えることだけではなく、他社を味わえる機会をとってもらうこともひとつの方法です。実際に社内で働いてみると思っていたものと違う企業が多くあるでしょう。良いことしか言っていない企業はなおさらギャップが大きいはずです。弊社は最低1日以上の体験入社をした後、内定を出します。両社で働いてみて、天秤にかけさせるのもひとつの方法かもしれません。

さらに出戻った社員は、採用活動においてこれから入る学生に大きな影響を与える存在になります。なぜならば、実際に他社で働いてみて、レガシードのほうがいいと出戻ってきたという実体験が学生の心に刺さるからです。欲しい人材は、その時点で採用できなくとも、いずれ採用するために、関わり続けることを忘れてはいけません。

6．若手社員をスター化する

新卒で入社を考える学生は、入社3～5年目の先輩社員の姿がひとつのモデルになります。弊社はコンサルティング事業を営んでいるため、学生が自分にはできるだろうかと不安に思うことがあります。そのとき大切なのが、憧れる先輩社員がいるかどうかです。

自社の人事制度やキャリア制度において、入社3～5年目での立場、仕事内容、待遇面において、学生が目指したいと思える環境を整えておくことが求められます。弊社では入社3年目になると、あらゆる業種の7社以上のクライアントを担当し、コンサルティングで実績を生み出すだけではなく、チームリーダーとして、新人育成や組織づくりも担います。また、3年目以降は採用領域だけではなく、社員教育や人事制度の構築といった人事全般のコンサルティングに携われるようになります。このようにプロの人事コンサルタントになれる道があるだけではなく、新規事業や新商品開発など新たな分野に挑戦することも可能です。実際に、道を切り拓いている先輩社員を見て、学生も目指したいと思うものです。

新卒の人材は、入社する会社を決めるときに、そこで働く先輩社員をみて、最後は決めます。イキイキと働いている社員をつくること、目指したいと憧れられるような社員を育てることが、欲しい人材を採用する秘訣になるのです。

7．社員が自慢できる魅力をつくる

中小企業の社長の中には、「うちの会社は魅力が少ないからいい人材が来ない」と嘆かれる方がいます。2013年11月にレガシードを創業したときは、私と妻と学生スタッフ5人で自宅のマンションのロビーの一角で仕事をしていました。その頃から、新卒採用活動を始めていました。会社の魅力というと、志以外はありませんでした。

私は新卒採用で優秀な人材を採用することを、経営戦略の最優先事項においているため、会社の魅力づくりには力を入れてきました。ここで大切なのは、最初は他社と比較されるようなもので魅力を作ろうとしないことです。例えば、「休日を増やす」「給料を増やす」などです。いくら頑張っても、大手上場企業と比べて、なかなか勝てないものでは勝負しないことです。逆に大手上場企業がもっていない、魅力を作り出すことが中小企業では大切です。

弊社の社員が、学生に向けて自慢げに話す内容をいくつか紹介します。まず「オフィス環境」です。働く上で多くの時間を過ごすのがオフィスです。レガシードのオフィスは「IBASHO編集部が選ぶおしゃれで、かっこいいオフィス20選」に選ばれたり、映画の撮影でも使われたりするほど独特な空間設計です。快適に仕事ができるのはもちろん、コミュニケーションが活性化され、気分や仕事内容によって働く場所を変えられる環境があります。

次に「社食制度」です。当番制で、社員がお昼の社食を作ります。最近では、社員の健康を意識したレシピ集をもとに作るようにしています。また、「就職披露宴」「決算還元金」という社員だけではなくその家族も大切にするという文化も伝えます。就職披露宴では、内定者と社員の家族を全国からお招きし、会社の1年間の成長ヒストリーや今後の展望などを紹介し、家族同士の懇親が深まる企画を実施しています。また、決算還元金では、会社の利益を社員にボーナスで分配するだけではなく、社員のご両親や、結婚している場合は、配偶者と子どもにも金券を贈呈しています。会社が成長すれば社員も、その家族も豊かになる文化を創りたいためです。他にも、レガシードでは制度や取り組みが数多くあります。

会社の魅力は、社長自らが築き上げていく必要があります。他社がやっているからやるのではなく、自社の社員がよりイキイキと幸せに働ける環境作りを担うのが、社長の大きな役目のひとつです。

100%を求めてはいけない。欠けているところに勝算がある

左の円を見て、気になるところはどこですか？

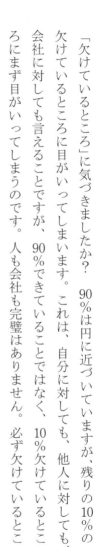

「欠けているところ」に気づきましたか？　90%は円に近づいていますが、残りの10%の欠けているところに目がいってしまいます。これは、自分に対しても、他人に対しても、会社に対しても言えることですが、90%できていることではなく、10%欠けているところにまず目がいってしまうのです。人も会社も完璧はありません。必ず欠けているとこ

ろがあります。実は弱みは強みの反動で生まれます。忙しい会社はマイナスに感じますが、マイナスに対しての指摘は、それだけ社会から必要とされ成長している会社と考えてみるとプラスになります。未整備の会社と捉えると、マイナスに感じますが、自分たちで創っていける会社と考えるとプラスになります。弱みは、強みに変わるのです。

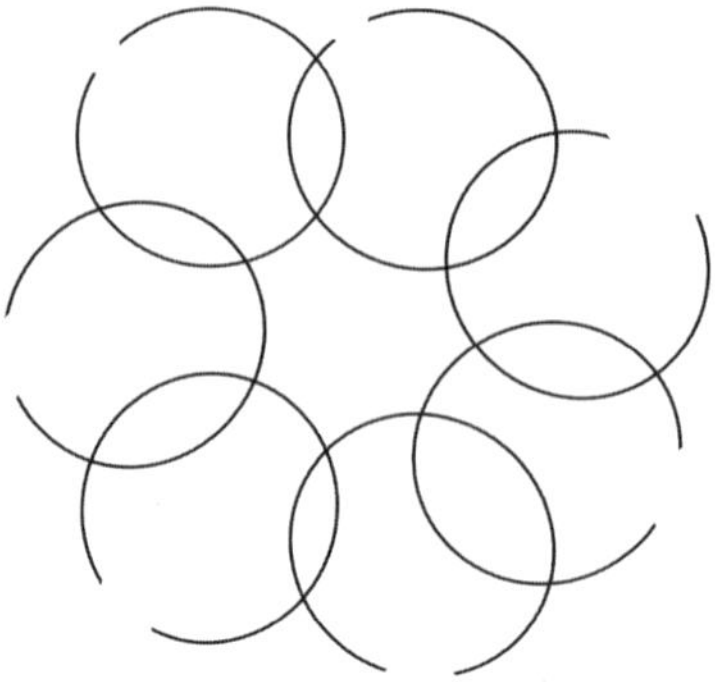

採用活動でも完璧な人を探してはいけません。右の図のように組織は欠けている人たちの集合体です。欠けているところを補い合える組織が理想です。ですから相手の強み

が自社でどう生かせるか、どう可能性が開花させられるかを考えてあげるのも経営者の役目なのです。

人が集まらないのではありません。人が集まりたくなる環境を作り上げることが大切なのです。その出発点は、社長の考え方にあります。自社の欠けているところではなく、コアとなる強みを明確にすることです。そして、それは決して数多くなくてかまいません。

・あなたの会社に人が集まる理由は何ですか?
・あなたの会社が他社にはない魅力として挙げられるものは何ですか?
・あなたの会社に人が集まる魅力を加えるとしたらどんな魅力がさらに必要ですか?

上記の3つの質問の答えは、「採用したい人材に響くものですか?」

採用したい人材に響かない魅力は社長の独りよがりになるので、要注意です。

第3第

筆記試験や面接では、あなたの会社は選ばれない

あなたの会社の選考方法で、入社したいと思いますか？

あなたの会社の選考プロセスは、進めば進むほど入社したいと感じるような流れになっているでしょうか？　会社説明会をして、筆記試験をし、面接数回で内定を出していないでしょうか？　選ぶことだけを重視して、選ばれるための取り組みを忘れてはいないでしょうか？

今の時代、会社にある程度規模があり、知名度があるからといって選ぶことを重視したプロセスをとっている企業は残念ながら内定辞退が生まれているのではないでしょうか。それも自分たちよりも規模も小さく、知名度もない企業に負けてしまっているのではないでしょうか。

恋愛でも、いくら相手がいい人だとしても、デートの仕方が下手くそだったらつき合いたいと思わないですよね。あなたのことを見定めるような質問やテストばかりをしてくる人と、またデートしたいと思うでしょうか？

学生にとって、就職先を決めるということは、社会に出た後の1日24時間のうち寝る時間を除いた半分の時間を費やす場所を決める非常に重要な局面です。私は、就職先を決めることは結婚相手を決めることと同じくらい大切なことだと思っています。結婚相手を説明会、筆記試験、面接の5時間程度の接触で決めることはできません。

そして、その5時間の中身も問題です。会社説明会では、企業側が一方的に自社をPRする時間が8割です。また、筆記試験では、コミュニケーションはなく、面接においても企業側が聴きたいことを一方的に質問し、学生はただ答えるというものです。

相思相愛になるためには、一方的なコミュニケーションではなく、将来を共に築けるパートナーであるかということを、互いが感じあう時間を持つことが必要なのです。

売り手市場において企業は、選考を短縮化し、接触時間を短くしています。これは間違いです。選考を短縮化し、急いで内定を出せば出すほど内定辞退は増えるのです。

企業が学生を採用するかどうか判断するための時間は長時間必要ないかもしれませんが、学生が企業を理解し、入社後の働くイメージを明確にし、入社したい理由を固めるためには、数時間の選考では難しいものです。

改めて、あなたの会社が実施している選考のプロセスを思い返してください。

もし、ご自身が学生だとしたときに、その選考を進むにつれ、絶対に御社に入社したいと思えるようなプロセスになっているでしょうか？

私が採用担当者になったときは、人をいかに集めるかの前に、どのような選考フロー（手順）を構築すれば、自社で活躍するかどうかが判断でき、採用したい人材が自社に入社する理由がしっかりと見いだせるかを考えました。応募があった後の流れをまずは見直しましょう。

見極める面接官は、あとで学生にフラれる

あなたの会社でも選考フローの中で、面接を実施しているかと思います。面接官は30分から1時間の中で、目の前の学生の人物評価をし、次の選考に進めるかどうかを意思決定していく必要があります。ですから当然、面接官は審判員となり、学生に質問を投げかけ、その答えをもとに判断します。企業によっては、圧迫面接を実施し、緊迫した状況でどのように対処するかを見ながら、学生のストレス耐性を判断しようとしたりします。

しかし、一度よく考えてみてください。

あなたは普段、人から見極められたいでしょうか？

きっと、人から見極められたいなどとは思ったりしませんよね。

もし、目の前の相手があなたを見極めようとしていると察した場合、本能的に相手との距離感を取り、ネガティブに思われないように本音を隠し、取り繕おうとしてしまうのではないでしょうか。

つまり、見極めようとすればするほど、相手との心の距離は離れていくのです。その結果、知らず知らずのうちに、見極めようとしている面接官は学生にフラれてしまうのです。

ではどうしらいいのでしょうか？　恋愛で好きな人が現れたときに、まず相手に何を聞きますか？　きっと興味・関心事や、どんな人生を歩みたいと思っているのか、どんな人がタイプなのか、などではありませんか？　それは、相手を見極めようとするのではなく、純粋にもっとその人のことを知りたいという気持ちから質問を投げかけたり、対話をしたりするものではないでしょうか。

そして、相手が大切にしていることや、叶えたい未来、好みをつかんだ上で、相手の話に共感したことや、相手と相性が合う話題から話を進めませんか。つまり、相手が大切にしたい価値観や理想が、自分と一緒にいると叶えられるということを相手に感じてもらえるように伝えようとするのです。

面接でも同じように、見極める発想でコミュニケーションをとる「審判員」になるのではなく、相手の求めているものを理解し、その実現を一緒にどうやったら果たせるかを考える「共感者」になることが大切なのです。

弊社の採用活動では、学生の適性や能力の確認は面接以外の選考で行うようにし、面接の際には判断しません。面接では、学生が自社に入社すると、どのような未来が創造できるかを一緒に考えると同時に、学生が抱えている不安や懸念を少しでも解消できる場にしようと努めています。

知名度のない会社は、選考プロセスで差別化を図ることから始める

私が社会人になって最初に入社した会社で、新卒採用を始めたとき、正直学生を魅了しきれるだけの会社の魅力はあまりありませんでした。特に、大手企業や人気企業と比較した際にはその差は歴然とありました。

しかし、「これなら勝てる」と思いついた瞬間があったのです。

実は、私は学生時代、就職活動をした経験がありません。就職サイトに登録したこともなく、エントリーシートを書いたこともなく、会社説明会に1社も行ったことがありません。たまたま学生時代に参加したキャンプで出会った社長の経営する会社に誘っていただき、入社しました。

そのため、新卒採用担当者になったものの、どのような選考のステップがあるのか見当もつかなかったので、大学時代の同級生や後輩20名ほどに就職活動についてヒアリングをしました。

彼ら、彼女らの言葉のニュアンスから感じたことは、「就職活動はそんなに面白いものではない」ということでした。大学を卒業したら社会人になって働く必要があり、就職活動は、「企業から内定を取るためにしなければならないこと」という認識で活動していることがわかったのです。当時の私は、大手企業や有名企業の選考プロセスを受けると、大学では得られないような新しい発見や、成長の機会や、将来のワクワク感が高まるものだと思っていましたが、そうではないという事実を知りました。

これは、「チャンスだ！　学生視点に立った選考プロセスを作ろう」と思いました。

学生が自社の選考に来た際に、本当に来てよかったと心から感じてもらえるような会社説明会や選考会、面接をつくることができたならば、選考プロセス（左ページを参照）そのものが差別化された強みになると思ったからです。

そして、そのカギは「成長」というキーワードでした。

採用したいと思う学生の共通点は「向上心」を持っていることでした。貴社も向上心を持った人を採用したいはずです。向上心を持った学生は成長を求めています。ですから、選考に進めば進むほど、学生が成長するプロセスを作ろうと考えたのです。

学生は、選考を受ける中で成長を実感すると、入社後も自己成長できる環境があると想像できるため、入社動機を高めることにもつながります。

私たちが全国の企業様でプロデュースさせていただく選考プロセスを受け、内定をもらった学生がよく次のようにコメントします。

「こんなに自分と向き合ってくれた社員の皆さんがいるのは、この会社しかありません」

「選考を受けた会社の中で一番大変だったけれど、一番成長できたのがこの会社だった」

「多くの会社が筆記や面接で働くイメージが持てない中、この会社はインターンシップや課題を通して働くイメージを鮮明に持つことができました」

選考プロセス

新卒採用（前半戦）

1. Open Company（3時間）
   ※エントリーシート提出

▼

2. 2DAYS インターンシップ「CHANGE」or「GRIP」
   ※事前アンケート
   ※社員、参加者からのワーク評価

▼

3. キャリア面談
   ※1対1
   ※適正&能力 WEB テストの実施（面談前）
   ※クレペリン、YG テストの実施
   ※人生観、職業観のマッチング確認

▼

4. 3DAYS インターンシップ「LIMIT」
   ※社員、参加者からのワーク評価

▼

5. キャリア面談
   ※1対3（役員1名含む）
   ※長期インターン実施へのコミット度合い

▼

6. 長期インターン「REAL」
   ※6～9か月の長期インターンシップ
   ※報酬支給

▼

6. 役員面接
   ※入社意思確認

新卒採用（後半戦）

1. Open Company（3時間）
   ※エントリーシート提出

▼

2. 課題
   ※適正&能力 WEB テストの実施
   ※自分プレゼン動画（7分）

▼

3. キャリア面談
   ※1対1で2回実施（面談実施者は別人）
   ※人生観、職業観のマッチング確認
   ※クレペリン、YG テストの実施

▼

4. 仕事体験インターン
   ※最低3日間の業務実施（職種別）

▼

5. 社長1日秘書
   ※フィロソフィーチェック先読み、時間は命、即決即実行
   ※入社意思確認

▼

6. 役員面接
   ※フィロソフィーチェック当事者意識、GIVE×∞、徹底追求
   ※入社意思確認

中途採用

1. Open Company（3時間）
   ※エントリーシート提出

▼

2. 課題
   ※適正&能力 WEB テスト
   ※自分プレゼン動画（7分）

▼

3. キャリア面談
   ※1対1で2回実施（面談実施者は別人）
   ※人生観、職業観のマッチング確認
   ※クレペリン、YG テストの実施

▼

4. 役員面接
   ※フィロソフィーチェック当事者意識、GIVE×∞、徹底追求
   ※入社意思確認

▼

5. 社長1日秘書
   ※フィロソフィーチェック先読み、時間は命、即決即実行
   ※入社意思確認

会社の魅力を高めようとしても、規模を大きくし、知名度を高めたり、人事制度や教育制度を整えたりすることには時間がかかります。しかし、他社がやっていない本質的かつ独自的な選考方法を導入するのは今日からでも可能です。採用活動で大企業、有名企業に勝つには選考プロセスを見直すことが最初の第一歩です。

「受動的脳」から「能動的脳」にスイッチを切り替える

選考プロセスにおいて、学生を魅了させる上で一番大事な場は最初の「会社説明会」です。学生の60%以上が、会社説明会の内容をもとに、その会社の選考に進むかどうかを決めています。学生が企業と初めて直接対面する機会であり、企業のファーストインプレッションが決まります。

ところが、会社説明会では多くの会社が、スクール形式で机を並べ、前を向いて座らせます。受付後、開始まで特に何も関わりもなく、会場内に音楽もかかることはなく、シーンとした雰囲気で、学生も隣に座った人と話すこともなく、静かに時間が来るまで待機しています。そして時間になると司会者が前に立ち、会社の説明を30分から1時間程度行います。中小企業であれば、社長が前に出てメッセージをする会社もあるでしょう。その後、社員との座談会か、採用担当者への質問タイムがあり、90分程度で終了するというのがオーソドックスな内容です。企業によっては会社説明会を受けて、興味を持った学生は、会場に残ってもらい、適性テストや筆記テストを実施することもあります。

貴社の会社説明会に参加したら、入社意欲が高まるような企画や場をつくることができているでしょうか？

以前ある会社で、「自分たちの会社説明会を傍聴して、感想をいただけませんか」という依頼があり、聴講しました。冒頭からいろんな改善点をメモに取りながら聞いていましたが、最後に会場出口で、5人の学生に取材調査をしました。

「会社説明会に参加したこの会社を知らない学生に、魅力が伝わるようにプレゼンするとしたらどんな風に伝えますか？」と投げかけたら、どの学生もしどろもどろでした。資料を取り出し、読み上げる学生もいました。つまり、企業側が熱心に会社の事業や商品のことを説明しても、学生の頭に記憶されておらず、また、共感もしていない場合があります。

その理由は明快です。学生がその場にいる際に受け身のため、「受動的脳」で話を聴いているからです。もしも、学生の理解と共感を得たいなら、「能動的脳」で参加してもらう工夫が必要です。少し極端ですが、島形式（同じフロアの中でいくつかのグループに分かれて、イスやテーブルが並べられているレイアウトのこと）で各々、6人で座ってもらい、会社の情報やお客様の声が書かれた資料を配布し、チームで20分間読み解かせ、模造紙に20分でまとめてもらい、就活生に向けた5分のプレゼンテーションを実施してもらいます。資料を読み解く時間やプレゼンを作る時間は会場にいる社員に何でも質問できるように考慮します。このように自分たちで探求させ、創造させるほうが、会社理解は深まります。

また、プレゼンテーションを作るプロセスの中でその会社の魅力について理解が深まり伝えられるようになっているため、会社説明会が終わった後、就活仲間と「何かいい会社なかった?」と話をする際に、この会社のことは自分の言葉で語れるため、口コミの影響力も増していくのです。

私たちは、学生が夢中になりながら、企業理解が深まるグループワークやインターンシップを開発し、多くの企業に導入していただいています。会社に入社した後に、どのようなキャリアが描けるかを追体験できるようなワークだったり、仕事を疑似体験できるワークだったり、お客様に提供している真の価値や、自分の成長イメージを具体的にできるように工夫しています。

会社における採用活動の費用の多くは、母集団（学生の応募を集める）を形成するための求人広告にコストをかけています。私は、昔から求人広告の費用を削減し、集まった人材を魅了するための会社説明会、インターンシップ、選考プログラムに投資したほうがいいと考えています。求人広告は毎年費用がかかりますが、来た人を魅了するプログラムをしっかりと作り上げていれば、内定承諾率も上がりますし、口コミによって学生応募数も増えていきます。

会社説明会で寝ている学生を見たときに「けしからん」と思ってはいけません。そもそも寝させるプログラムを企画している自分たちに指をささなければなりません。学生の脳を受動的にさせず、自分で考え、創り出さないといけない環境をつくり、脳を能動的にすることができると、選考に進みたいという学生の意欲が高まることを約束します。

意外性というギャップが、相手の心を惹きつける

結婚相手を決める際に、お金持ちで家柄の良い人を選ぶ発想が、就職活動でいうなら大企業を志望するということです。売上高や規模も大きく、知名度やブランドイメージも高いのが大企業です。それに比べて中小企業やベンチャー企業は、大企業よりいろんなことが揃っていないだろうという前提で学生は見ています。つまり期待値が低いのです。

人が好意を感じるときは、期待通りよりも期待を上回るときに強く感じるものです。すなわち、「ギャップ」があるほうがいいのです。お金持ちではなく、家柄が良くなくても、素敵な相手と結婚はできるものです。私は中小企業のほうが、大手企業よりも学生を魅了できる可能性を持っていると思っています。

例えば、

- **社員数は少なく、平均年齢も若いけれど高い収益性を出している**
- **学生には知られていないが、社会になくてはならない商品を扱っている**

・利益追求よりも、社員の働きやすさを重要視する職場環境がある
・今は小さい企業でもワクワクするビジョンを持ち、そこに向けて成長を実感できる

小さいからこそ秀でていることがあると、大きな魅力に感じるものです。「ベンチャー企業なのにちゃんとしているんですね」「大企業では味わえないようなやりがいや若いうちの挑戦をすることができるんですね」と学生は、いい会社の条件を見直す機会になるのです。

また、選考フローの中で「ギャップ」を見せることもできます。例えば、社員が真剣に働いている場面を見せるだけではなく、飲み会や休日のOFFモードの社員にも触れさせます。また、社内で和気あいあいとしているコミュニケーションも見せますが、客先でお客様のために真摯に向き合い、成果をつくろうとしている姿にも触れさせます。真剣なところ、楽しそうなところ、抜いているところなどバリエーション豊かな先輩社員たちを見せることで、こんな一面もあるんだという発見が、魅力づけにつながるのです。

インターンシップを使えば、中小企業でも大手に勝てる

知名度やブランドがない企業は、学生にしっかりと会社に触れてもらわないと良さが伝わらないものです。弊社では長期インターンシップを活用し、学生とのマッチングをしっかりと図れるようにしています。インターンシップという言葉が日本に入ってきて20年ほど経ちますが、本来の目的のインターンシップを実施できている企業は少ないものです。

社会に出る前に、大学の授業だけでは体験できない、就業体験をしてもらうのです。医者や薬剤師や教師になるために現場実習があるのと感覚は同じです。実際、学生を長期間受け入れ、実務を現場社員と一緒にやってもらう仕組みが構築できている企業は稀だったのです。長期インターンシップは、現場社員にとってもプラスになるようなプログラムにしないと、アルバイトの延長線上のコピー取りや、電話かけ、掃除などの雑務になってしまい、学生の参加満足を得ることができなくなります。

また、現場で仕事をすると逆に働くイメージを強く持ちすぎてしまい、入社意欲が下

がるのではないかという不安を持っている人事担当も多くいます。入社したけど、会社から説明を受けていた環境と全然違ったので会社を辞めたいと、入社直後に思う学生も増えているように思います。

弊社では入社のミスマッチを防ぎ、良いところも欠けているところも分かってもらった上で、それでも入社したいという人材を増やす取り組みをしています。業務をシミュレーションする短期間のワークショップ型のインターンシップを体験してもらい、自社の求める人材要件を満たし、学生も長期インターンシップにコミットできる人材を選抜します。

そして、9カ月間社員とともに担当企業となるお客様を持ち、実務を行っていきます。学生には役割を与え、目標も提示し、成果を創ることにコミットしてもらいます。大学生なので、授業やサークルなどがあるため、働き方や働く時間は考慮しなければなりません。また、他でアルバイトをしなくてもよいだけの報酬を払うことによって、自社のインターンシップにより集中しやすい環境を整えてあげることも大切です。

私が自社の長期インターンシップのプログラムにこだわっているのは、仕事の一部分だけを体験するのではなく、コンサルティングで結果を出すまでの一連のプロセスを全て体験させることです。結果をつくるプロセスには、努力や挑戦が求められます。そういった苦労や大変な場面も乗り越えた先に、結果が生まれると大きなやりがいや、充実感を得ることになります。また次は、もっとこうしたいという成長課題も明確になります。コンサルタントという職業の魅力を自分の経験をもって、自分でつかんでいくのです。

私たちの職種は、学生が魅力を創造しづらいものです。大学では、コンサルティング学部もないですし、人事学科もないです。つまり、会社が学生に人事コンサルティングの魅力を体験できる場を用意してあげなければならないのです。

しかし、長期インターンシップは、会社の課題や未成熟な部分も見せることになります。社長の私が、社員を怒る現場も見せます。お客様からクレームをいただく場面も見せます。先輩の指導が行き届かず、不愉快な気持ちにさせてしまう局面もあることでしょう。それでも、この会社に入社して理想の会社を一緒に築き上げたいと言ってくれる人材が仲間になってくれています。

弊社の2019年卒の内定者のうち6人は、長期インターンに取り組んだメンバーです。もちろん、長期インターンシップを経て、途中離脱した学生もいましたし、最後までやった上で他社に入社を決めたメンバーもいます。半年以上の長期間のインターンシップだからこそ、お互い将来のパートナーとしてふさわしいかどうかをしっかりと確認しあえたわけです。

結婚する前に同棲をし、ともに数カ月共同生活をしてみる期間がインターンシップだと捉えたとしましょう。一緒に生活をしてみると、数回のデートだけでは見えなかった互いの良い点も欠けている点も感じることになります。長期のインターンシップを経て、お互い補完し合い、理想の未来を創り上げたいと決めた入社意思は、数回の面接で内定が出たから入社するという意思決定とは、コミットメントレベルが違うのは明らかです。

社員に触れさせるよりも効果のある存在は、「お客様」

企業では採用担当者だけで、多くの学生の動機形成をすることが難しいため、「リクルーター制度」を導入しています。リクルーターとは、採用活動を協力してもらう社員で、社内で活躍し、学生が憧れるような社員がチームになります。学生は、選考中に出会うリクルーターを見てその会社で働く自分を想像します。入社の決め手が、リクルーターという学生も多くいます。そのため、インターンシップや選考の中で、一人の学生に複数の社員と接触させる企業が増えてきています。ある学生に聞くと「10人以上のリクルーターと面談の機会が用意され、選考の中で個別に話をした」と言う学生もいます。

弊社は、全社員をリクルーターとしています。採用活動は経営における最優先事項とし、社員には積極的に参加することを促しています。会社を一日開放する「Open Company」というイベントでは、全社員が仕事を止めイベントに関わります。

このように学生が社員と接触する機会はとても有効ですが、最近の学生の言葉にハッとしました。「今、選考を受けている企業で出会わせていただいた社員は、どの方も憧れます。どの会社もいい社員がたくさんいます」。それもそのはずです。昔は、採用担当は人事総務系の年配の社員が窓口で行っていましたが、今は優秀な人材を採用するために、どの会社もリクルーターはエース社員を投入するため、社員という人だけでの差別化を図るのは難しくなってきているのです。

そこで、私は昔から「お客様」の力を活用しています。弊社では、採用したい人材には、私たちがお客様にサービス提供をしている場面に同行させます。どのようにお客様の問題を解決し、満足を創造しているかをリアルに見せます。その際、お客様からも当社のサービスを利用してどのような変化があったかをお話しいただけるため、自社の事業やサービスの価値をより深く認識してもらえます。採用活動は、学生に会社や社員が何をしているかを語るよりも、誰にどんな価値を届け喜んでいただいているかを伝えたほうが効果があります。それをリアルに伝えられるのは、社員ではなくお客様や利用者様なのです。

また、学生と面談をする際にもお客様の力を借りることがあります。先日、ある大手企業か弊社かどちらの入社かを迷っている学生と面談をすることになっていました。実はその面談が終わった後に、私を古くから知っていて尊敬を寄せてくれている、ある創業社長と来社のアポイントをわざと入れていました。面談が終了する頃にその社長がオフィスにやって来て、面談を終えた私はその社長に学生の事情を簡単に説明し、学生に関わってもらいました。20代で成長ステージにある会社で働くことが、どれだけ価値あることかを実体験をもって話をしてくれました。

社員が自社や自社のサービスについて魅力を語るのは、どの会社でも当たり前ですが、お客様や利用者様の生の声を聞ける機会は意外に少ないものです。学生も改めて弊社で働く価値を感じる機会となり、その10日後に、弊社に入社することを決めてくれました。

私も今は経営者ですが、若かりし採用担当者のときは、自分自身が学生に与えられる影響力や情報量に限りがあったため、先輩社員や社長の力を借りるのはもちろん、お客様の力も借りていました。自分一人だけで魅力づけしようとせず、自社の魅力を知っている様々な人たちの力を借りることも効果的な方法のひとつなのです。

会う「頻度」と、会ったときの「密度」をデザインする

選考プロセスを描く際に、私が大切にしていることは、早い段階で採用したいターゲット人材を絞り込み、その人材に関わる頻度を上げるようにすることです。例えば10名の人材を採用したければ、その2倍の20名の人材に集中します。その20名の学生の状況をまず次の4つのマトリックスでプロットします。

縦軸は「企業の欲しい度」、横軸は「学生の志望度」です。ある程度絞られた人材の中でも採用したい順番はあるはずなので、縦軸は4つくらいの層に分けてプロットします。次に横軸の「学生の志望度」は、学生の状況によってまばらです。そして、私はマグネットに学生の顔と姓を書き、ホワイトボードに貼り、定期的にプロットしたものを動かしていました。学生も他社に心が動くときもありますし、自社に入社意思が固まる

4つのマトリックス

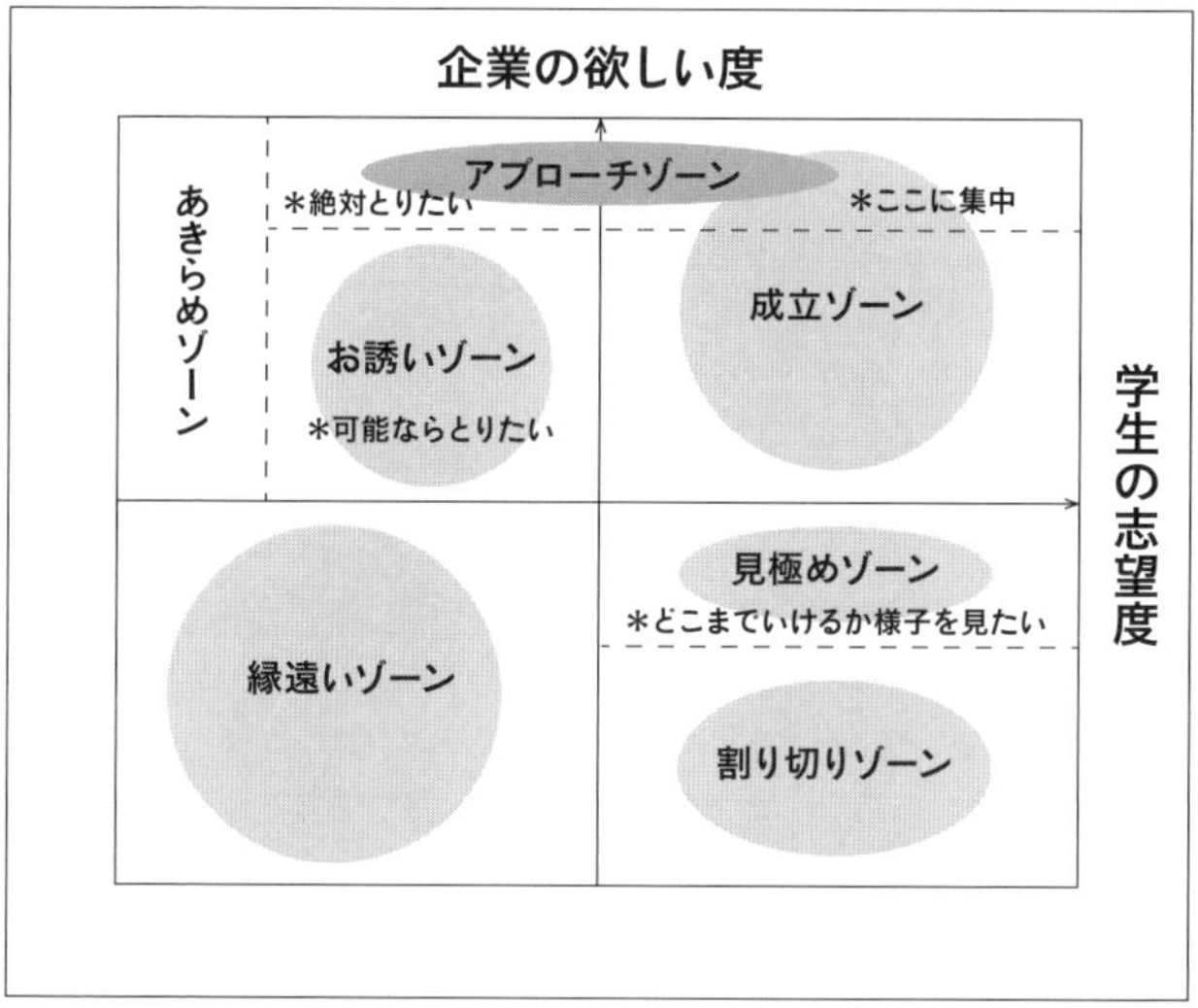

ときもあるのでそれに合わせて動かしていました。

マトリックスにプロットされた学生を見て、採用担当者はつい「アプローチゾーン」の学生ではなく、「成立ゾーン」の学生を攻めて、接触時間を多くもってしまいます。なぜならば、「成立」ゾーンの学生と接触していると気分がいいからです。しかし、採用担当者や経営陣が一番接触頻度を高めなければならないのは、企業が欲しくて、学生の志望度が上がりきっていない「アプローチゾーン」にプロットされている学生です。特に他社と天秤にかけている学生は要注意です。恋愛に例えるなら、二股以上かけられている相手ですから。

最近あった実例ですが、弊社以外に3社の企業と迷っている学生がいました。面談の中で各社の志望度や選考の進捗状況、次の各社の面接の日取りなどを確認しながら2週間のうちに3回は会い、面談までの合間には定期的にメールのやり取りも行いました。最後に企業を1社に絞り込む段階では、「頻度」と「密度」を大切にします。3回目は、社員と内定者を4人誘い、行きつけの創作料理屋の個室で話し合いました。

私が大切にしているスタンスは、自社に入社をしてもらうというよりも、その学生が、「自分が本当に大切にしたい軸」で自分の人生や会社選びをし、後悔なき就活をしてもらうことです。意外にも、複数社内定が出ると何を決め手に最後決めたらいいかを迷う学生が多いのです。最終選考を複数社受けて迷っている場合は、自分の軸が明確に定まっていないのです。

そのため、その学生の生い立ちや親からの育てられ方や、高校・大学の意思決定基準や、将来描きたい理想の人生イメージなどを聞きながら、目の前の学生が本当に求めていることを言語化していくお手伝いもします。このように毎回会うたびに相手のためを思って思考の整理をしてあげたり、情報の提供をしてあげたり、アドバイスをしてあげたりすることで、学生は「ここまで自分の人生を親身に考え、関わってくれるのはこの会社が一番だ」という結果になるわけです。

相手の言うことを信じない。行動は嘘がつけない

内定辞退が多い企業は、学生が言うことを鵜呑みに信じてしまうことも大きな要因かもしれません。学生も賢いですから、選考中に心の中では第一志望ではなくても「御社に入社したいです」と口では言います。もちろん、嘘が隠せない学生も中にはいますが、私の経験では半数以上の学生は本音と建前をうまく使い分けます。採用側としては、そこで本当に第一志望であるかを行動で確認していく必要があります。言動ではなく、行動を見るようにするのです。行動は、その人の心が素直に反映されるから嘘がつきにくいからです。

私の一番の判断材料は、日程を調整してでも参加するかどうかです。当社に入社した関西出身の学生は、大阪で開催していた会社説明会で弊社に興味を持ったのですが、最

短日程の選考会は翌日から東京で行われるものでした。私は、もし弊社に興味をもって入社したいと思ったなら早いうちに選考を受けておいたほうがいいとすすめました。そして、その学生は予定を調整して来ることになり、そのまま最短で内定が出て、入社しました。

ある日本一の家具職人を育て、業績を伸ばしている会社では、社長との面接日を告げた際に、その日時に予定があって来られないとなったら、その時点で不採用とします。その社長曰く、自分がその会社に入社したいという気持ちが強くあれば、なんとしてでも予定を調整して行けるようにするはずだと。

先日、弊社でも採用するかどうかを少し迷っていた学生に1日インターンシップ選考の参加をすすめた際に、その日程は他社の面接があって参加できないと返答があり、その時点で私はそこまで弊社に入社するために挑戦しようとする意欲が高くないのなら難しいと判断し、採用候補者リストの「企業の欲しい度」を下げることにしました。人には様々な優先順位があります。その優先順位が高い位置にあるのか、低い位置にあるのかを行動で確認できるようにアプローチすることで学生の真意をつかむことができるのです。

また、選考の後半でやってもらうことは、「自分のことを知っている10名以上の人から推薦文をもらってくる」という課題を出します。ただ推薦文をもらってくるのではなく、必ず自社について説明し、なぜ、弊社に入社したいのかを伝えた上で推薦文を書いてもらいます。つまり、入社を決めていない人は、なかなかその依頼を周りにしたがりません。仮に集める取り組みをしたとしても、推薦文の内容を読んでみると明快にわかるものです。推薦者が会社のことをきちんと理解し、なぜその学生が共感しているのかを把握して書いてある推薦文とそうでないものとは読めば歴然にわかります。また、親が反対している場合は、親からの推薦文がきちんともらえているかも判断基準になります。

一番やってはいけないのが、選考のプロセスで本音を聞き出すことなく、「きっと自分たちの会社に入社したいと思っているはずだ」という思い込みで、とりあえず内定を出してしまうということです。恋愛でも相手が本気であれば、「家族に会ってほしい」といった際に相手も快く会ってくれるはずです。そういった質問でジャブを打ち、相手の反応を見て、意思の強さを行動と伴わせて確認しましょう。

第
4
第

あなたの会社が、第一志望になるアプローチ法

内定辞退を起こさない、究極の10の質問

内定辞退の理由の根源は、学生の本音を選考中に聞き出せていないことです。一般的に面接の場面で質問を投げかけ、学生の情報を得ようとしますが、面接となると面接官は次選考に進ませるかどうかを判断し、見極める意識となり、緊張感も生まれるため学生の本音が聞き出せない確率が高まります。ですから私たちは面接ではなく、面談という機会をつくります。学生の未来をお互いに考える場という意味を込めて「キャリア面談」と名づけています。

キャリア面談を始める前に、学生に次のように伝えてスタートします。

「今日は堅苦しい面接ではなく、〇〇さんが私たちの会社に入社したとしたらどんな未来が描けるかを一緒に考える場にしたいなぁと思っています。あと、入社にあたって不安や疑問があれば何でも聞いてもらってOKなので。今日は合否などつけないので、ざっくばらんに何でも相談してもらって大丈夫だからね。就職活動でいろんな企業と迷う時期でもあると思うので、就活のアドバイスをしてほしいことも遠慮なく言ってね」

そして世間話などをしながら、リラックスできるムードをつくり、次の10の質問を順番に投げかけます。

1. 理想の人生

【質問内容】

・人生において大切にしたい生き方ってどんなもの？
・人生で叶えたい「夢」って何？
・人生で叶えたい「志」って何？

まず、最初の質問では自社に入社するかしないかは別として、目の前の相手がどのような人生を歩んでいきたいと思っているのかを確認します。大切にしたい生き方はその人らしさでもあるので、自社でそのらしさが、どのように発揮できるかを想像しながら話を聴きます。

また、「夢」は次のように定義をして確認してください。人生において自分を満たすために果たしたいことや、やりたいこと。例えば、マイホームを建てたい、世界一周旅行に行きたい、年収を1000万円にしたい、親孝行をしたいなどです。

そして、「志」とは、自分以外の他人や社会のため、また自分の所属する組織のために果たしたいこと、やりたいことと定義して確認します。例えば、貧困で困っている人のために自立支援をしたい、世の中の人が便利で快適になる新しい商品を企画したい、ミスマッチのない就職活動を支援したいなどです。

志は、働く環境を選ぶうえでも重要なポイントになります。また、夢を叶えようとすると、志を果たし、価値を創造した上で対価として報酬（お金）を手にしなければ叶えられないものがほとんどです。ですから、夢のレベルが高ければ高いほど、実現すべき志も比例して高くなる必要があります。その人材が求める志や夢が自社でどのように叶えられる可能性があるかを示唆してあげることが最初のステップです。

ここで大切なことは、夢や志を実現しようと思うと、会社に入った後の「働き方」がカギを握るということです。同じ会社に入社したとしても、どこを目指すかで、入社後の働き方は変わるはずです。そのことを学生に伝え、入社することに焦点を当てるのではなく、その人材が入社をして理想の人生を実現させようと思うと、どんなことを心掛け、どんなキャリアステップを進んでいく必要があるかをアドバイスします。

2．選社基準

【質問内容】

・最終的に入社する会社を選ぶ基準で、優先順位の高いものを3つ挙げるとしたら何？

・それが高い理由は何？

恋愛においてもつき合いたいと思っている相手に何か質問できるとしたなら、どこかのタイミングで、「つき合うならどういう人とつき合いたいか」もしくは「結婚する相手に求めることはどんなことか」などを確認するはずです。同じように学生が入社する会社を決める優先順位の高いものをきちんと確認していく必要があります。

人は、それぞれ入社する会社を決める上での選社基準を持っています。もちろん定まっていない学生もいるので、その場合は一緒に考え、明確にしてあげることが大切です。学生が数社選考を受け、最後に入社する会社を迷ってしまうのは、自分の中でこの選社基準が定まっていないからです。

選社基準の項目は第1章の「学生が企業を選ぶ12のポイント」を参考にしてください。相手の選社軸が明確にわかれば、それが自社にいかにあるかを伝えやすくなります。相手が求めていない魅力をいくら熱心に伝えても、相手には響きません。逆に相手の選社軸が全く自社の強みと合わない場合は、働く価値観が違うため採用しないほうがいいかもしれません。

3. 選考状況

【質問内容】

・当社以外にどこの会社を受けている？（具体的な社名や事業内容も確認する）

・その中で、今の時点で入社したいなぁと思う順番は？　その理由は何？

企業の採用担当者が学生にはどこの会社を受けているか社名は聞かないほうがいいのではないかという方もいらっしゃいますが、私は、そうは思いません。

目の前の学生が後悔のない納得した就活ができるように、少しでも力になりたいという気持ちを持ち、アドバイスをしようとするならば、他にどういった会社を受けているかを具体的に聞かなければフォローができないという考えからです。

社名を聞いて業界のイメージがつかない場合は、具体的にどんな会社かを尋ねることにしましょう。その上で、もし今選考を受けている会社の中で入社する会社を決めるとしたら、入社したい順番がどうなるのかを確認します。その際、なぜその順番なのか理由も必ず聞きましょう。

ここで大切なのは、ひとつ前の質問の、選社基準で挙げたふたつの内容と、この質問で入社したいと思う会社の選社理由が一致しているかを確認します。ここにズレがある場合は、選社基準が違うか、入社したい企業の順番のつけ方が違う可能性が高いので、ズレがあることを伝え、本当のところどういった基準で会社を決めたいと思っているかを再度、学生に確認していく必要があります。

4. 自社の魅力

【質問内容】

・今まで弊社の選考を受けている中で、魅力に感じているポイントを3つ挙げるとしたら、どんなところかな？　それを感じたエピソードも交えて教えてもらっていいかな？

面談の場で一番注意しなければならないのが、面談する企業側が自社の魅力をアピールするために多くの時間話してしまうことです。自社の魅力は企業が伝えるのではなく、学生から引き出しましょう。学生自身に自社の魅力を語ってもらうほうが、自分の入社動機を改めて認識することにつながるので効果的です。

ここで学生が挙げた魅力ポイントが、先程の選社基準とすり合っているかどうかを確認します。選社基準と自社の魅力が一致している場合は、入社意思が高まる可能性が高いです。しかしながら、選社基準と自社の魅力にズレがある場合は要注意です。その場合は、学生の選社基準にあるポイントが、自社の魅力の中できちんと訴求されていないので、改めてその魅力を伝えるために情報提供をしていくことが求められます。

例えば、選社基準で、入社後の教育体制というものが挙がっていたときに、学生が語る自社の魅力に教育制度が出てこなければ、自分たちの会社にどのような社員教育の仕組みがあるかを話すことが必要だということです。

5．入社後の未来

【質問内容】
・もしも私たちの会社に入社したならば、どんなことを実現させたい？
・具体的にどんな風にキャリアアップを果たしたい？（年齢イメージも含めて）

この質問は10の質問の中でも、とても大切な問いです。一番のポイントは「学生が私たちの会社に入社したとするなら」という前提に立ってもらい、未来を描いてもらうことです。学生は就活の際には第三者的に外の人間として企業を客観視しますが、そうではなく、当事者として自分が入社した前提に立って未来を創造することが肝心です。

この際、学生はまだ働いていないため、具体的に働くイメージや何歳でどれくらいになれるかという情報が基本的に不足しています。ですから、私はＡ３サイズの白い紙をテーブルに置いて、赤いペンでヒアリングをしながら、その学生が入社した後どんな風にキャリアアップしていけるか、またどうすれば実現できるかを描きます。

ここで書いたＡ３の用紙は面談終了後、写真を撮った上で原本を学生に渡します。大切なことは入社後の自分の未来にワクワクしてもらうことです。そして、一緒に理想の未来を実現するためのプランを考えてあげることです。

6. 不安・懸念材料

【質問内容】

・弊社で働くにあたって正直、不安や懸念に感じていることって何？

会社に入社するにあたって、希望もあれば必ず不安もあります。稀に不安は全くありませんという学生もいますが、そういった学生でも必ず最低ひとつは挙げてもらうようにしています。私は基本的に「他にはない？」と3つは挙げてもらうようにしています。ここで挙がる不安や懸念材料が、実は内定辞退をする際の真の理由であることが多いからです。ですから事前に確認し、解消できることは情報を伝え、学生の心配事をなくしておきましょう。

弊社で最近良く挙げられるのが、今いる先輩社員たちを見ていて、自分が入社して本当にやっていけるかどうか、そして、大きい会社に比べて、この会社では社内の教育制度が整っているのかという不安です。その場合は、先輩たちも初めからできていなかった話や、創業期は私が現場で、口伝で社員の教育をしていましたが、今は社内教育プログラムを受け、資格認定を受けてコンサルタントになっていける旨を伝えます。実際の社内教育プログラムを実施するところにオブザーバー（見学者）で参加させても効果的です。

また、もしも学生から不安が出てこない場合は、次のように投げかけます。

「もしも、うちの会社から内定が出て、仮に○○さんが弊社を内定辞退して他社に入社するとしたらどんな理由で辞退すると思う？」という質問に置き換えます。大切なのは、本音で思っていることを聞き出すことです。

7. ご両親の反応

【質問内容】

・ご両親は就職活動についてどんな風に言っているかな？

・ご両親には弊社のことを伝えている？　どんな風におっしゃっている？

学生は親に対して就活の相談はあまりしないようですが、最後どこに入社するかという段階で両親の影響を受けます。親の多くは、娘や息子が知名度のある大きい会社に入社してほしいと願っています。一般的には、親は中小企業よりも大手企業をすすめます。もちろん、「自分の人生なんだから、自分の意思で決めなさい」と選択を本人に委ねる親もいます。また、ご両親に自分がどこの会社に行くのかを一切伝えていない学生もいます。その際は「ご両親は何て言うと思う？」と聞いてみます。子どもですから両親がどのような反応をするかはある程度推測できるからです。

注意が必要なのは、親が子どもの就職活動に大きく関与しているケースです。私は、ご両親が自社への入社に対してあまり前向きでない場合は、ご両親と私が直接お話しをさせてもらう機会を設けていただいてます。希望されれば、オフィスにご招待し、社員も見てもらいます。両親が本当に一番期待していることは、子どもの幸せです。ですから、学生には本当に自分が幸せになれる道はどの会社なのかというポイントで話し合いを重ねます。それがもし、私たちの会社であればそのことを学生からご両親にしっかりと向き合って伝えれば、かならず伝わるものです。自社は規模が小さい会社ですから、これまで何度も、ご両親が反対されるケースがありました。しかし、だから入社しなかったということもないですし、内定辞退を申し出てきたこともありません。

ご両親が反対しているときには、学生と両親で向き合うことを必ずさせてください。ご両親が反対するケースは、親子関係に問題がある可能性があります。その場合は、就職先の話し合いをすることで、逆にお互いが本音で人生について語り合い、溝が修復され関係が良くなることもあります。結婚と同様、会社に人を採用するということは本人だけではなく、その家族の幸せもつくることであることを社長は必ず忘れてはいけません。

8．志望度

【質問内容】

・当社から内定が出たとして、「絶対に入社する」というのが100だとしたら今何点？

・その点数の理由は、何？

・最初に挙げた選考を受けている会社の中で、一番点数が高い企業はどこ？

・その理由は、何？

相手が点数を言う前に「うちの会社に対して高い数字を言わなきゃいけないわけではないから本音で言ってね」と釘を刺しておきます。この質問で大切なのは、点数で聞くことです。80点であれば、残りの20点の要因を確認します。この20点を埋めない限り、入社意思は100％になりません。自社以外の他社の数字も聞くことによって、学生にとっての志望度の順位づけも明確にしておきます。100点にならない理由が、現状の会社にないものであれば、一緒に入社後に創り上げていくことを約束します。

また、まだ内定が全社出ていないので決められないという学生に対しては、仮に今受けている全社から内定が出たらどうするかという視点で考えてもらいます。決められないのではなく、決めるという場に向き合っていないのです。学生は最終選考を受けなくても、この時点でどこの会社に一番入社したいかは決まっているものです。

そして、気をつけなければならないのは、「100点」と答える学生です。勢いで100点と言っている場合もあるので、念のためにこのように切り返します。「あんまり考えたくはないかもしれないけど、もしもうちの会社から不採用の通知が届いたら、どういう意思決定になる?」と尋ねます。それに対してあっさりと「別の会社を探します」「もっといい会社がないか探してみます」などと答える人は、入社意思が100ではない可能性が高いです。本当に入社意思が100の学生は、見るからに困った表情になり、「正直困ります」という学生もいます。

9. 就職活動の終了条件

【質問内容】

・就職活動はいつ終える予定?

学生が何をもって就職活動を終了するかを把握しないと、だらだら迷う時間が増えることにつながります。一番安心できる回答は「御社に入社が決まった時点で、就職活動を終えます」というものです。学生の回答の中には、「もう少し会社を見てから」「6月下旬までは」「今受けている会社の合否がはっきりしたら」など曖昧な回答をすることがよくあります。そこで、私がよく伝えるのは「入社までのプロセスは、恋愛から結婚をするプロセスに似ているよね。もしも、好きな相手が浮気をしていても、結婚しようって言えるかな?」。他の会社と迷っている間は、私たちは内定を出せないという旨を明確に伝えます。

そして、採用する人数に限りがあることと、すでに入社を希望している学生がたくさんいることも伝え、いつまでも待つことはできないということも示唆します。意思決定の時間と意思決定の質は比例しないことや、決断で悩むよりも自らの決断を正解に変える生き方や働き方に向けて、早く準備に取り掛かることの必要性を伝えます。

また、意思決定を長引かせないために、自社以外に興味を持っている会社に、1日でもいいので先輩の同行や仕事見学をさせてほしいと打診してもらうことも効果的です。外から見ただけでいい会社と判断してしまう学生が多くいるので、実際に職場や仕事をしていた先輩に触れさせることで、思い描いていたのと違うと判断することもあります。大事なことは、具体的な状況が見えないまま悩むのではなくて、実際に意思決定ができるだけの情報のカードを揃えさせることが大事です。

10. 必要情報

【質問内容】

・後悔なく就活を終えるために、何か聞きたいことや要望はあるか？
・弊社に入社を決めるとしたら、あとは何が必要なのか？

私たちが学生に提供できることは、たったふたつのことです。「情報提供」と「環境提供」です。どんな情報を提供し、どんな環境を経験させてあげることができれば、本人にとって最善の就職活動ができるかを考えてあげます。例えば、先輩社員との食事会に参加してもらったり、社長の1日付き人をしてもらったり、お客さんに接する機会に足を運んでもらったりすることです。何も機会をつくらず、また会いましょうという日時設定をしても進展はありません。必ず次に会うまでの間に、新しい情報提供、ないし、新しい環境提供をすることが大事なのです。

また、最後は「自分の覚悟の問題」という局面になることがあります。その場合は、「周囲からの意見はもうわかっているはずだから、一度一人になって自分にとっての幸せを踏まえた上で、自分の心に問いかけたほうがいいよ」とアドバイスします。以前、京都で滝を打たれながら考えますという学生もいました。その学生も仲間になってくれました。

究極の10の質問を紹介しましたが、これらの質問で何を確認しているかというと、次の5つのポイントを明確にしています。

1. 学生の願望の中心にあるもの
2. 自社で理想が叶えられるプロセス
3. キラーの存在（入社を反対する存在、入社を決められない要因など）
4. 自社への入社意思レベル
5. 次の行動の方向づけ

面談の質問は、その場の思いつきでするのではなく、一つひとつに意味を持たせて順を追って実施することが大切です。この10の質問をしっかりとヒアリングするためには、30分から1時間程度の時間が必要です。この面談を受けた学生は、「ここまで自分のことをさらけ出し、本音で就活の相談ができたのは初めてだ」という気持ちになります。逆を言えば、自分の就活を最も親身になってアドバイスしてくれる会社であり、感謝の対象になります。学生の思考が整理されていくと、本質的な意思決定ができるようになります。採用担当者の仕事は、学生を説得することではなく、本人が納得して自分の意思で未来を切り拓ける機会をつくることです。

魅力を伝えるのではなく、相手が魅力に感じるものを伝える

求人広告でも、面接・面談時においても、学生が自社により関心を持ってもらうために、会社の打ち出すアピールポイント（次のページの図を参照）を設定する必要があります。あなたの会社に魅力となる売りがなければ、相手に入社する意思は生まれません。アピールポイントを設定するときには注意しなければならないということです。それ

アピールポイントの設定

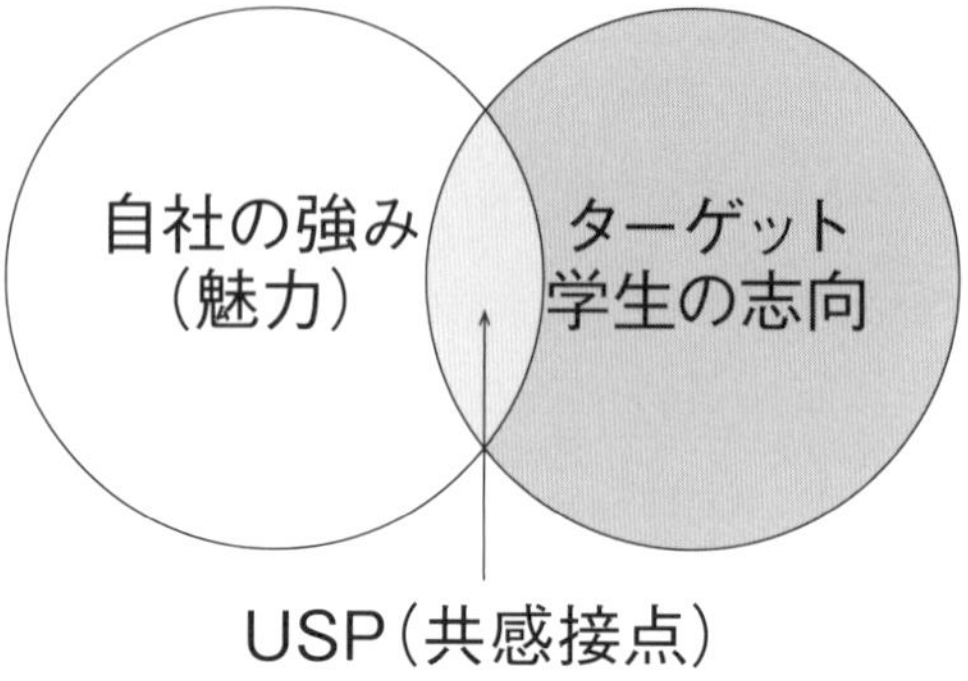

どの企業にも数ある強み、売り、魅力はあると思いますが、その中でも、求める学生に志向する魅力こそが、惹きつけの決め手になります。この共感接点のことを、マーケティング用語でUSP（Unique Selling Proposition）と呼びます。

は、世の中の学生の一般的な思考に合わせてはいけません。例えば、マスコミが働き方改革、ブラック企業問題をよく取り上げていて、学生も安定志向に流れているので、「残業が少ない」「福利厚生が充実している」などを打ち出したほうがいいのでは？　という発想です。

　これでは、採用したいターゲットが集まってきません。もしも、将来、幹部候補になるようなリーダーシップのある人材を採用しようと思えば、「創業して50年。アットホームで、長く続いている安定した会社です」と打ち出しても響きません。それよりも、「年齢は関係ない。やった分だけ評価され、20代で経営幹部になれる成長環境があります」と打ち出したほうが心に刺さります。

最近、求人広告でよく目につくのが「アットホーム」「福利厚生が充実している」「女性が働きやすい」などという打ち出しです。どの会社もアピールするということは、逆に言うと最低限どの会社も準備しているということであり、他社との差別化にはつながりません。独自の強みや売りを明確にするには次の10個の視点で自社の魅力を洗い出すことから始めましょう。

①理念・ビジョンの魅力（存在理由・目指す将来像・果たしたい世界観）
②事業内容の魅力（使命感・市場・将来性・ポジショニング・業績）
③商品・サービスの魅力（品質・機能・効能・コスト）
④仕事内容の魅力（職務使命・やりがい・達成感）
⑤社員・社風の魅力（風土・文化・大切にしている価値観）
⑥経営者・経営陣の魅力（経営者の人柄・想い）
⑦働く環境の魅力（オフィス・待遇・福利厚生・独自制度）
⑧教育制度の魅力（研修・ＯＪＴ・社内資格制度・教育投資）
⑨キャリアプランの魅力（人事評価制度・個人の成長性）

⑩採用方法の魅力（採用ポリシー・採用プロセス）

それぞれの項目で、自社の持っている魅力を書きだした後に、採用ターゲットとなる人材に何が響くのかを考えてください。もし響くものが見当たらない場合は、新しい魅力をつけ加えなければなりません。

面接や面談の場面では、採用ターゲットが入社する会社を決める選社軸に合わせて、自社の魅力を訴求できるように、話の引き出しを多く持っておく必要があります。そのため、採用担当者の年齢が若く、キャリアが短い場合は、ベテラン社員や幹部社員が感じている自社の魅力ポイントを共有してもらい、自分以外の社員が持っているエピソードを学生に伝えられるようにします。

また、採用において競合企業がいる場合は、ライバル企業の魅力を10のポイントで書き出します。そして、どこが劣っているのか、何を魅力として高めなければならないかを見いだすことも大切です。欲しい人材が他社に行くのは、自社の魅力が他社に負けてしまったという結果の表れです。そのため、内定辞退をしてしまった学生にできれば第三者にインタビューをしてもらい、どのタイミングでなぜ他社に入社を決めたのかなど、心の変化を事実ベースで追うことが大切なのです。フラれた相手こそ、自分の改善点に気づかせてくれる大切な人であることを忘れないようにしましょう。

描きたい未来をもとに、個別の育成プランを作成する

入社を迷っている学生に対しては、自社に入社する理由を見いだすことができていないので、改めて入社後のプランを提示することが大切です。

メジャーリーガーで活躍している大谷翔平選手は、高校卒業後メジャーリーガー入りを熱望していました。そんな彼を北海道日本ハムファイターズは口説き落としました。その決め手になったのが「大谷翔平君　夢への道しるべ」と題した伝説のプレゼン資料です。いきなりメジャーリーグに行くよりも、日本のプロ野球界で力をつけて挑戦したほうが成功する確率が高いということを、日本人、韓国人選手の過去データをもとに客観的に説明するだけではなく、日本ハムに入団したとしたら、彼の強みとなる二刀流を活かし、どのように育成し、成長のバックアップをしていくかを描いたものでした。

あくまでも、大谷選手が世界で通用する超一流の野球選手に成長するためには、どの

ようなプロセスを歩めば、その可能性が高まるかという視点で誠実にプレゼンテーションしたため、ドラフト指名時には入団確率はゼロに近いと言われていましたが、彼は日本ハムに入団を決めたのです。若いうちにメジャーに挑戦しないといけないと思っていた大谷選手の概念を変えることになったからです。

このことからもわかるように、採用したい人材が持っている強みや経験を、自社に入社した後に、どのように発揮でき、さらに成長していけるかを伝えてあげることが入社の決定打になります。ここで大切なのは、一人ひとりに合わせたプランを検討し、提示してあげることです。

弊社でも、コンサルタントとして入社するメンバーもいますが、経営推進チーム（総務・経理・人事・広報）や上場プロジェクト推進チーム、クリエイター部門に入社を決める学生もいます。ある学生は、「自分は、レガシードのコンサルタントには向いていない」と選考辞退を表明してきましたが、あなたの力はコンサルタントではなく、この会社の成長を支え、上場プロジェクト推進チームに入り、その実現を担うキャリアを積める力を持っているということを伝えました。その学生は上場プロジェクトがどのくらい価値ある経験になるか初めはわかっていませんでしたが、日本に上場している会社が約

３５００社しかないという事実や、実際に上場プロジェクトを経験することができたとき、自分の市場価値がいかに高くなるかを伝えたところ、興味を持ち選考に進んでくれ、入社してくれました。

コンサルタント職の適性よりも他の部門で力を発揮できる可能性のある優秀な人材は、コンサルタントとしてのキャリアではなくても、レガシードで活躍でき、キャリアを上げていける道筋があることを示せると採用することができるのです。

また、最近弊社では、人材やコンサルティング系の大手企業と採用がバッティングすることがあります。その際に学生は、大手企業のほうがノウハウを多く持っていて、学べる環境があり成長しやすそうだけど、ベンチャーは何もなく、自分でつくっていかなければならないのが不安と言います。そういったときには弊社のコンサルタントを養成する社内の教育制度や資格認定制度をしっかりと説明します。さらには、大手企業に比べると早く現場の第一線でコンサルティングの主担当を任せてもらえる環境や、早ければ2年目でチームを持てる仕組み、将来は新しい事業を自分の手で作り上げられる構想などを伝えると、大手企業以上に魅力を感じてくれるのです。

優秀な人材であればあるほど、入社後の自己成長と活躍を望んでいます。それを後押しする育成プランやキャリア制度を提示することはこれからの時代ますます求められていくことでしょう。一人の人材を採用するということは、一人前に育てあげ、社会人のプロ選手として成功させる責任があることを忘れないようにしましょう。そして育成プランを提示するからこそ、それを会社として、上司として果たす責任を全うすることにもつながるのです。

あなたが必要な存在であることをストレートに伝える

人のモチベーションが最大化するときは次のページの図（「幸せの3つの輪」）のように〝Wants（やりたいこと）〟〝Value（できること）〟〝Needs（必要とされること）〟の3つの輪が交じりあった部分に取り組めているときです。

人はやりたいことでもできないとストレスを感じます。また、やりたいことでも必要とされていないと長続きしません。採用活動においてもこの3つの輪を意識すると効果的です。まず、選考の中で、あなたは「どんなことがやりたいですか?」と〝Wants〟を尋ねます。そして「あなたは何ができますか?」という視点で〝Value（能力）〟を企業

幸せの3つの輪

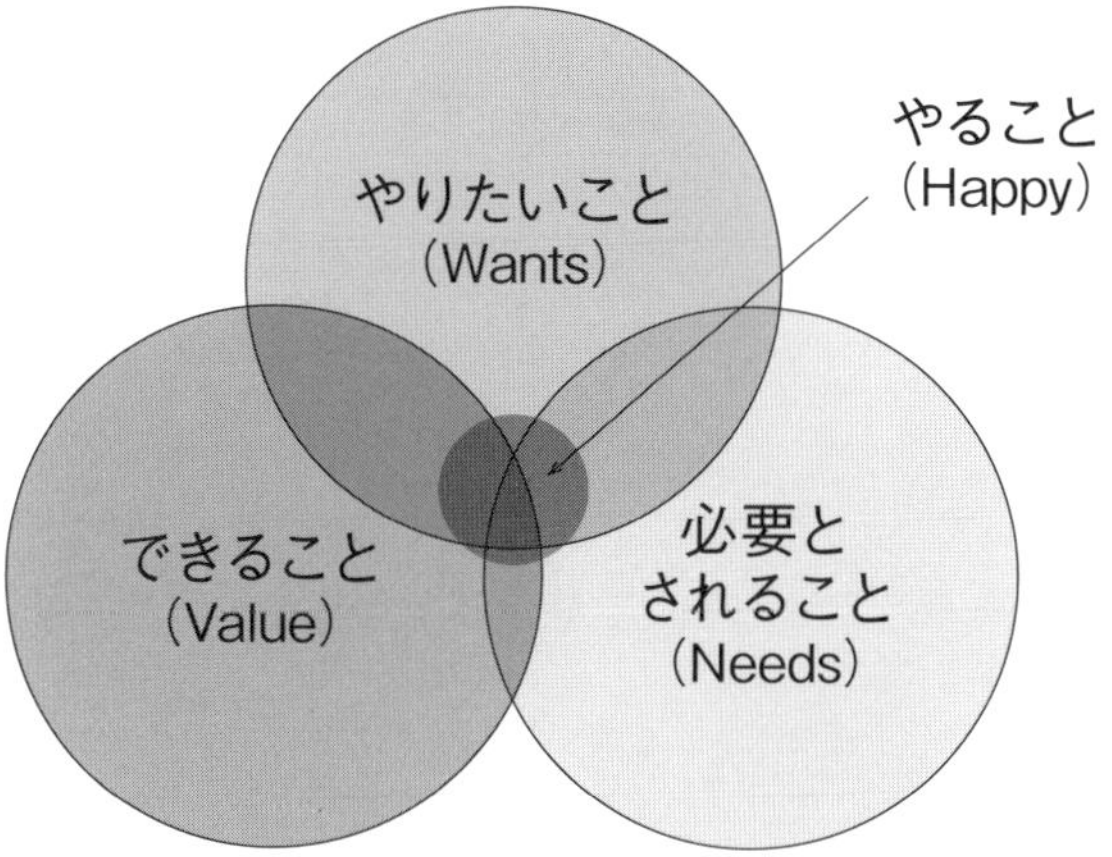

側はウォッチングします。しかし、「あなたが必要な存在である」という〝Needs〟を伝えている企業は意外に少ないのです。

採用したいターゲット人材には、これからの会社の成長戦略において、あなたの存在がいかに必要なのかをしっかりと話します。人は自分のことを一番必要としてくれている場所に身を置きたいと考えています。相手に必要な存在であることを伝わるように話そうと思うと、相手を評価しているポイントを明確にしなければなりません。選考プロセスの後半の面接時に学生から「自分は何が評価されていますか?」と聞かれたときにうまく答えられない面接官がよくいます。自分は何が評価され、何が期待されているのかを相手は知りたいのです。そのため、選考の中で強みと感じられた場面やエピソードを交えながら、自社で活躍するイメージを伝えられるとより相手に伝わります。人は自分が必要とされ、理想の未来を創るために役割が与えられるとモチベーションが高くなるのです。

今年採用したいと思った人材が、弊社と人材業界の大手企業とで入社を迷っていました。ご両親は弊社に入社するのを反対しており、本人もレガシードに心は傾きながらも、なかなか意思決定ができない状況が続いていました。また半年以上の長期インターンシップに参加していたこともあり、本人に対して会社として必要な存在であるということを対面できちんと表現できておらず、「当然、入社するよね」という少し軽い感覚で学生に伝わっているように感じていました。

そのような中、他の学生が選考を進み、最終面接を迎えていました。その学生はレガシードに入社することを決めていたので、このままいくと、この学生が本年度の内定者1号になる状況にありました。私はそこで、入社を迷っている学生に電話をしました。

「いろいろと迷っているかもしれないけど、僕は社長として本年度内定を出すなら、一番最初にあなたに内定を出したい。それは、この半年間最もインターン生として自社に関わってくれていたし、実績も出してくれているし、社員も満場一致であなたと一緒に働きたいと言っているからだ。今いろんな学生が選考を進んでいて最終選考を迎えている学生もいて、このままいくと、他の学生に先に内定を出すという状況が生まれてしまう。僕の勝手かもしれないけど、その状況を望んでいない。あなたに今年最初の仲間になってほしいと思っているので、もう一度自分がレガシードで働けるかどうか両親ともしっかりと話して意思決定してもらえないかな」と伝えました。

そのことが功を奏したかどうかはわかりませんが、彼女は両親と向き合い、レガシードに入社するということを翌週には決めてくれ、無事内定1号として迎え入れることができました。自分が認められている、必要とされている、この気持ちは人が生きる上でとても必要なパワーの源です。そして社長が直接伝えることが、一番影響を与えます。

5年前でも、5年後でもない「今が入りどき」であることをわかってもらう

現在、私たちの会社は創業して5年で、社員20名の会社ですので、採用活動でバッティングする会社は、どの会社も弊社より社歴も長く規模も大きく、知名度も高い会社ばか

りです。しかし、そういった会社の入社のチャンスを蹴って、私たちの会社に入社を決めてくれている人材が今の仲間です。なぜ彼らは私たちの会社に入社したか。その答えは、レガシードの未来に対する「希望」と「期待」です。大きな会社に入って会社の歯車になるよりも、小さな会社を誰もが知っている一流の会社に成長させることに喜びを感じてくれているのです。

大きな会社は安定志向の学生が集まるため、意外と採用ターゲットがなかなか集まらないのも事実です。中小企業は無理して大きな会社に見せるより、大企業の良いところは認め、中小企業ならではの強みをまっすぐ伝えることが大切なのです。

中小企業では、経営者が高い志をもち、ビジョンを明確に打ち出さなければ、いい人材を採用することはできません。ビジョンとは、どんな社会問題を解決したいかという使命に基づいたものであり、そこに向かうプロセスをしっかりと示すことが求められます。例えばレガシードのオープンカンパニーで私は学生に向けて、次のページのグラフが書かれた資料を用いて会社の発展フェーズについて説明します。学生には、会社には成長プロセスがあり自分に合った「入りどき」を見極めることが大切だということをメッセージします。

事業成長イメージ

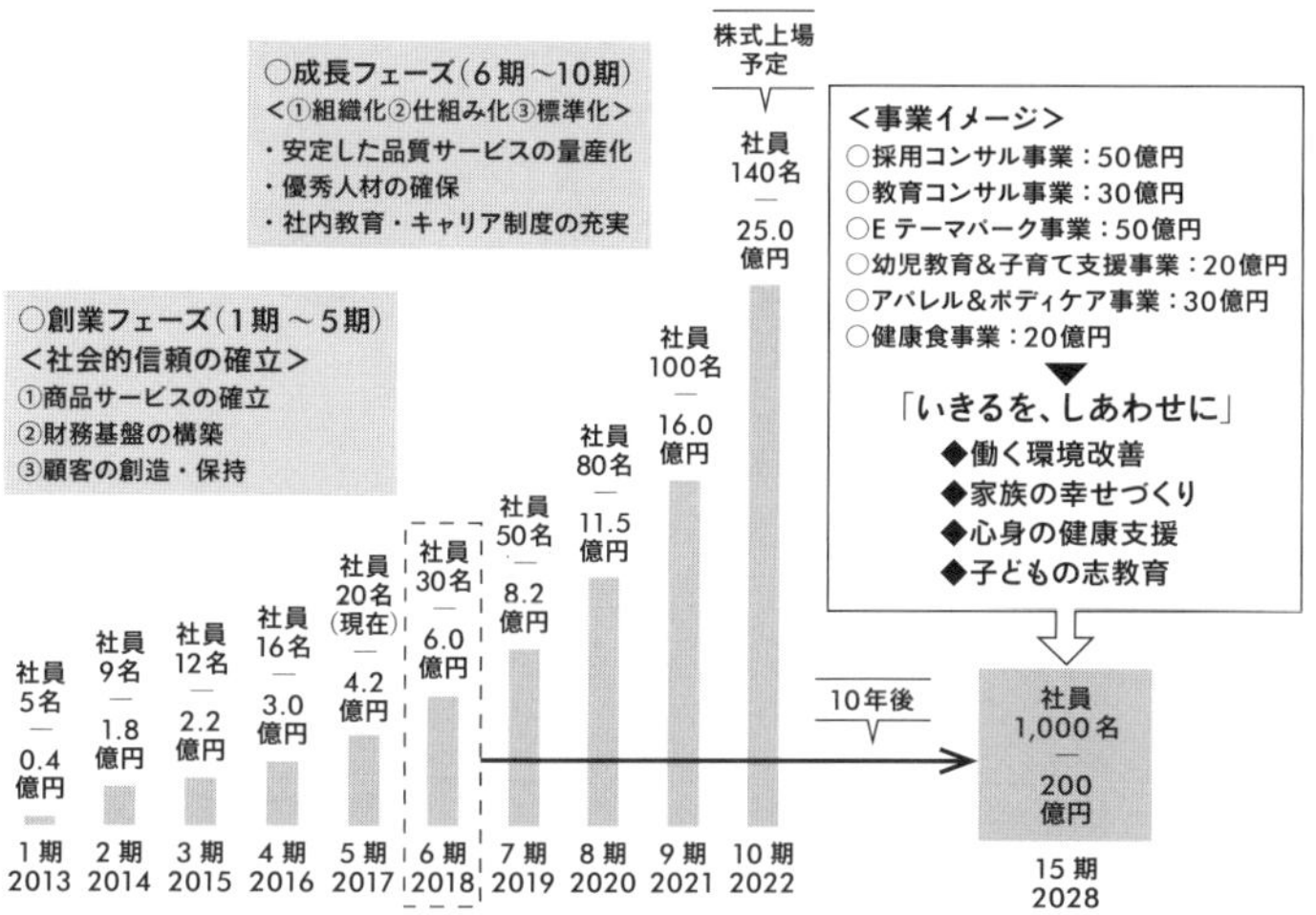

例えば、弊社レガシードでは創業してから5年間は「創業フェーズ」と名づけており、①商品サービスの確立、②財務基盤の構築、③顧客の創造・保持の3つが主軸のテーマでした。そして創業フェーズでつくりあげた経営基盤をもとに、これからの5年は「成長フェーズ」と名づけ、①組織化、②仕組み化、③標準化を図っていく段階です。この成長フェーズは、創業期と違って何もないところから生み出すということよりも、レガシードのコアサービスや強みを生かし、組織としてのPDCAをしっかりと回し、マーケットを拡張していく挑戦の時期になります。

この時期の社員は、一人ひとりのレベルアップとスピードが求められ、自立した人材になる必要があります。それと同時に、多くの経験とキャリアが積めるため、個人としての成長が飛躍的に高まる時期でもあります。若くても役職者になれ、プロジェクトを任されるチャンスもあります。このことをしっかりと説明することができれば、学生は大手企業で働くよりも、成長フェーズの私たちと一緒に働けるのは「入りどき」だと感じるようになります。

実は、創業期に私が学生に、何もないところから会社をつくれるのは今だけだと「入りどき」であることを伝えていました。きっと、私は10年先も別の理由で「入りどき」であることを伝えるでしょう。なぜ今、入社したほうがいいかという理由を提示できるようにすることは、会社の発展フェーズを捉える必要があり、今から入る社員にどんな役割やキャリアをプレゼントできるかを考える機会にもつながります。

10年後の未来を自分たちで描く機会をつくる

私が新卒採用の領域に従事して15年以上たちます。常にイノベーションし続け、マンネリ化させてはいけないというポリシーのもと、毎年採用活動のやり方やプログラムを変化させていますが、たったひとつだけ始めた当初より変えていない必須の選考プログラムがあります。50回くらい試行錯誤して行きついたものであり、学生にとっても、企業側にとっても価値あるプログラムであると、この選考プログラムを導入している企業様からも評価をいただいています。

この選考プログラムの概要やポイントは本書で示しますが、肝は運営方法にあります。当社で行っている、運営する進行役を育成するトレーニングプログラムも活用されることをおすすめします。

〈課題内容〉

皆さんはレガシードに入社をし、会社の理念・ビジョンを果たすために先輩や後輩と共に力を合わせて取り組みました。その活動が今から10年たった20XX年にとあるテレビの人気ドキュメンタリー番組に取り上げられ、皆さんの活躍がピックアップされました。その番組を演劇で表現してください。

※この課題は、レガシードの仕事の真髄をつかんでいただきたいという想いと、当社

で働くからこそ実現できる成長の軌跡を自分たちで創造していただきたいという願いで実施しています。ぜひ、2日間参加したメンバーとともにレガシードで描ける未来を真剣に考え、最高の発表を創り上げてください。

この課題のポイントは、10年後にタイムスリップすることと、ドキュメンタリー番組を演劇で表現することです。

まず、今の会社を考えるのではなく、自分たちが入社して発展成長させる未来の会社を考えることに意味があります。必然的にマーケットニーズを考え、事業内容を検討し、商品サービスの独自性を考えることになるからです。今の会社については資料を読み解き、社員にヒアリングすれば、ある程度はつかめますが、未来の会社は今を捉え、自分たちで想像し、新たに創造することが必要になります。そこで当事者意識が生まれ、自分事となり、どういった会社になるならば、入社する価値があるか自問自答することにもつながります。

次に、ドキュメンタリー番組を演劇で表現するということにも意味があります。ニュース番組やバラエティー番組ではなく、ドキュメンタリー番組にすることで、結果だけではなく、結果にいたる過程をひも解かなければならないのです。困難や壁をどのように乗り越え理想の未来に到達するのかを考えることで、入社後の期待される役割や働くイメージが具体化されていきます。また、演劇をすることで、社員役やお客様役、場合によっては先輩社員役や社長役などの役割を担うことになります。それぞれの立場に立った、心境の変化を捉えることで、誰に対して、どのような喜びや感動を創造している会社なのかをリアルにつかむことができるのです。

この課題に学生が取り組むにあたって、1日目に社員や社長へインタビューをし、情報を収集し現状のビジネスモデルや組織を把握するとともに、なぜ自分たちが10年後テレビのドキュメンタリー番組に取り上げられることになったのかということの議論を深め、番組の骨子を仕上げていきます。制作の途中途中で、進捗状況を発表してもらい、運営役の社員がフィードバックをしながら進めていきます。

このプログラムは、2日間の合宿形式で実施することを推奨しています。会社の会議室から宿泊施設に移動し、夕方、私服に着替えてディスカッションすることで、気分転換になり議論が活発になります。また、同期になるかもしれない参加者同士の絆も深まります。

演劇の発表は、採用チームだけでなく、なるべく社員全員を呼び、発表を聞いてもらいます。学生は、社員がたくさん来ることで、ほどよいプレッシャーになるだけでなく、多くの社員が自分たちに関心を寄せてくれているんだという期待を実感することにつながります。また、発表を聞く社員も、たった2日間で参加学生が自分たちの仕事の本質をつかみ、想像を超えるような未来を劇で表現していることで涙する場面もよくあります。この機会を通じて、社員は初心に戻ったり、自分たちの未来に対する期待感が増したり、会社への帰属意識が高まります。

発表が、茶番劇になってしまうと、学生にとっても、発表を聞きに来た社員にとってもプラスになりません。ですから、進行を行う運営スタッフの学生への関わり方、フィードバックの仕方、環境のつくり方が鍵を握ります。テレビ番組をつくることが目的になってしまうと表面的な発表になります。学生が核心に迫れるような「問いかけ」の力が求められます。私はこれまでに100回以上この課題の進行役をしてきましたが、同じような発表は一度もありません。毎回、心が熱くなるような感動をもらいます。

就活生の多くは、当事者というよりも第三者として会社を分析しがちです。学生の入社意欲を高めるには第三者としてではなく、当事者としてその会社を捉えてもらうことが大事です。「もしも、自分がその会社に入社したらどんな未来が創造できるか」をしっかりイメージしてもらえる機会をとることが選考プログラムをつくる上での鍵です。

丸2日間かけて合宿形式で選考を行う企業は、全国的にも稀だと思います。学生を見極めるだけであれば、これだけの時間を要する必要はないと思われるかもしれませんが、学生が自社に入社する価値があると感じ、入社後の働くイメージをしっかりと持つためには、これくらいの時間をかけなければできないと考えています。ミスマッチを防ぐためにも必要なのです。そして、2日間一緒に取り組んだ学生同士の絆も深まり、このメンバーと未来を築き上げたいという気持ちが高まります。内定式まで同期の顔が見えない選考との差別化も図られるのです。

エース社員に説得してもらうより、内定者に味方になってもらう

学生が内定先を決める大きな要因のひとつに、「同期入社の仲間」ということがあります。一緒に入社する同期と、共に未来を描いていきたいか、切磋琢磨していきたいかが、とても大切なのです。逆に言うと、入社式まで誰が入るのかわからないという会社は、内定辞退が起こりやすいと言えます。ですから、内定を出すまでの間に内定者との

交流を深く図ることが重要になってきます。

特に入社することに迷っている学生にとって、既に会社に入ることを決めた内定者と接触することは、入社への大きな動機づけになります。学生にとって会社の業務内容を聞くよりも、同期となる学生がなぜその会社に就職を決めたのか、という話を聞くほうが何倍も効果があるからです。

これを、会社で用意した先輩社員がやるとどうなるでしょうか？

社員が「うちの会社に入ったほうがいいよ」と言えば言うほど、それは「説得」になってしまうのです。学生は説得されて会社に入りたいわけではありません。自ら「納得」して会社に入りたいのです。学生が自分で納得するための一番効果のある方法が、同期入社をする仲間の意見なのです。

実際にあった話ですが、5人の内定者のうち一人が、「別の会社に行こうか迷っている」と本音を漏らしたところ、別の4人がそれを強く引き留めた、という事例があります。また、内定を決めた学生が、他社と迷っている学生の情報を教えてくれることもあります。例えば、「A子さんは、大手広告会社の人事担当から猛烈にアタックされていて、来週早々面談をするみたいですよ」という採用担当ではつかめていない情報を手に入ることがあるのです。逆もあります。「他の業界に行くと言っていたB君が、最近、気持ちが変わって人材業界でコンサルタントになりたいと思っているみたいです」となると、いいタイミングでアプローチができるのです。

このように「迷っている学生」と「内定を決めた学生」が話す場を設けることは効果的なのですが、ひとつだけ注意していただきたいのが「迷っている学生同士」を交流させると、全員が他の会社に行ってしまうことがあるので気をつけたほうがいいです。

社員よりも学生同士の会話のほうが、本音が出やすいものです。内定者が会社の一員になっているという自覚をつくることができると、何かあったときに素早く情報が共有され対処できるようになります。私が採用担当者のときに、内定者の力で採用したい学生が他社に行くことなく、自社に入社の意思を決めてくれたケースがたくさんありました。

私が見ていて感じたのは、「同期愛」です。やはり同期になる仲間は別物のようです。選考の終盤で、先に内定が出たメンバーが、アドバイスをしたり、応援をしたりしている環境を何度も見てきました。この仲間とだったら、未来の会社作りを一緒にやっていけるという確信は、現状の会社がどうであるかという次元を超えた意思決定要因になります。逆に言うと、採用基準を下げて採用してしまうと、同期の一体感が作りづらくなるので気をつけてください。

欲しい人材は、あえて落として、再チャレンジさせる!?

普通に考えるとあり得ないかもしれませんが、私は昔から選考の中で、一度不合格になっても再チャレンジできる門戸を開いています。それにはふたつの目的があります。ひとつは、初めての面接と100回目の面接であれば、100回目のほうが自分のことをうまく伝えられる可能性が高いということです。私たちの会社がたまたま1回目の面接ということもあるわけです。その時点では、緊張して力が発揮できず、合格ラインに達しなかったとしても、改善をし、実力を高め、再度臨む機会を与えたほうが理にかなっていると感じたからです。

もうひとつの理由は、再チャレンジするということは、合格したから次の選考に進むという相手に委ねたステップアップではなく、一度落ちてしまったけれど、もう一度チャレンジしたいという本人の意思でステップアップすることになるため、自然と入社動機を高めることができると考えたからです。

以前、とても採用したいと思った学生がいました。彼女は8社から内定をもらっており、私たちの会社に対する入社意思が低いわけではありませんでしたが、第1志望にはなっていませんでした。そして彼女はどの会社も選考が順調に進んでいる状態でした。そこで、彼女には約1週間かけて自社の商品をお客様に提案するというロールプレイの課題を出しました。優秀な学生でしたから、課題もしっかりと練習して挑んできました。課題の出来栄えも良かったのです。しかし、一点だけ気になったことがあります。それは提案内容やコミュニケーションは素晴らしいけれど、自社の社員として確信を持って伝えられてはいませんでした。社員になりきれていないということです。

営業提案のロールプレイを受けた後、私は彼女に言いました。

「プレゼンはすごい良かったけど、伝えている際にうちの社員として商品に100％確信を持って伝えられたかな？」

すると、彼女はこのように返答しました。

「100％ではなかったと思います。いい商品というのはわかっているんですけど、自分の中で腑に落ちていないところもあります」

そして私はつかさず、「C子さんが、本来持っている力を100だとしたときに、この1週間の取り組みと今日の提案は何点くらいかな?」と尋ねました。

そうすると、彼女は「70点くらいです」と答えました。

そこで、私は言いました。

「それで、合格出せるかな?」

「……」

「C子さんは、当社で輝ける力を持っていると僕は確信しているよ。でも、課題の取り組みを100%やり切れていなかったり、腑に落ちていないまま確信なき提案をするのはC子さんらしくないと思うし、現状合格は出せないよ。結果はどうあれ自分の中で100%やり切ったという状態で臨めない人が、コンサルタントという仕事に就くことはできないよ。C子さんに期待していただけに、とっても残念だ」と真剣に伝えました。

悔しかったのか、彼女は、瞳に涙をにじませていました。

私は、こう言いました。「ここで諦めるという選択もあるけれど、うちの会社は再チャレンジ制度があるから、もう1回だけ挑戦することもできる。もし、自分の中で後悔や不完全燃焼の気持ちがあるなら挑戦する価値はあると思うけど、どうする?」

そして彼女は、5秒くらい間を置いた後、

「もう一度、挑戦させてください」と言いました。

このときは知りませんでしたが、選考で不合格を告げられたのは、このときが初めてだったそうです。百戦練磨の学生であればあるほど、不合格になったときのインパクトも大きいものです。逆に順調に選考が進む会社よりも、自分の力をきちんと評価してくれ、このレベルでは採用できないと、本音で向き合ってくれる誠実な会社にこそ価値を感じてくれるのではないでしょうか？　結局、彼女は他社を蹴って、ともに働くことを決意してくれ、入社後も大活躍してくれています。

採用したい人材を不合格にするというのは、会社にとって勇気が必要な選択かもしれません。しかし、迷っている学生をそのまま放置するよりも、思い切って一旦不合格にして、入社できるかもしれない会社のカードのいくつかから抜けるほうが、そのカードの大切さに改めて気づくのです。人は失って初めて本当は大切だったということに気づくものです。

私の妻は、一度私と結婚したくないと言って海外で就活を始め、ベトナムの会社に入社しました。もちろん若いうちに海外で働いてみたいという彼女の願望があったのですが、私と結婚しないための逃亡でした。しかし、失うことで改めて妻の大切さに気づき、ベトナムに何度も足を運び、結婚することになりました。私の手法が逆に使われたのでしょうか。

フラれない会社は、社員を家族のように大切にしている

もしも、あなたに子どもがいたなら、自信を持って、あなたが働いている会社に入社することをすすめられますか？

フラれない会社の特徴は、社員全員が自社に入社したほうがよいと心から思っています。自社に誇りを持った社員の集団であればあるほど採用力は高まります。自社を誇れる社員のいる会社の特徴は、社長の考え方と、会社の雰囲気を見ると一目瞭然です。明らかにダメな会社は、殺伐とした空気の漂う会社です。

いい会社は、会社を「第2の家族」と捉えています。社員が安心して挑戦できる環境をつくっています。人間は一日24時間の中で、寝る時間を除くと半分の時間が働く時間です。そのため活動している時間は、家にいる時間よりも、仕事をしている時間のほう

が長いのです。ですから、朝起きて会社に行くのが辛いという感覚ではなく、今日も一日仲間と一緒に良い仕事をしようと思って意気揚々と出社する日々を送れたほうが幸せです。

社員を大切にしたいと社長なら当然思っているはずですが、具体的に制度や形で目に見えるようにしていくことが大事です。いくら「感謝しているよ」と言葉で表現するだけではなく、具体的に「賞与」や「社員旅行」「感謝の手紙」など目に見えるものもあったほうが実感してもらえます。また社員に成長してもらいたいと言うだけでなく、具体的な「教育制度」や「キャリアプラン」「研修制度」を示し実行していくことが大事です。

社長は社員を経営上の駒のひとつと考えるのではなく、一人の人間として充実した日々を送れる環境を、会社のトップとしていかに築き上げられるかを日夜考え行動することが求められます。社員を他人のように考えるのではなく、もし自分の家族や子どもだとしたらどんなかかわり方をするか、意思決定をするかという視点で自問自答すると、本質的な道筋が見えてくるものです。勘違いしてはいけないのが、社員のことを考えて「こんなにもしてあげているのだから」と思うこと。社員自身が社長や会社から大切にされているという感覚をしっかりと持てているかどうかが大事なのです。

私は社員と食事をする際に、どうすればもっと会社が良くなるかを聞くようにしています。そして、自分の仕事がしやすくなるために、何かリクエストはあるかを尋ねるようにしています。もちろん、求められることを一気に叶えることは難しいですが、ひとつでも改善していけると、社員も自分の思いが反映されていると実感でき、信頼関係も高まります。

社員の会社に対する満足度と期待度がこれから入る学生の見通しにつながっていきます。採用したい人材からフラれないためには、まず現在働いている社員を大切にすることがとても大事なのではないでしょうか。一番ダメな社長は、今の社員はどうしようもないから新しくいい人を入れてなんとか変えたいと願う社長です。現状いる社員に充実感や満足感を持たせられない社長が、新しい人材を組織に入れても同じ状況が繰り返されます。私が社長として組織に課題を感じるときや、社員の成長に問題意識を感じるときは、常に社長である自分がボトルネックになっていると自己評価し、取り組みを変革するようにしています。

第
5
第

最後のプロポーズで、大切なのはタイミングとシーン

入社意思100%でなければ、内定を出してはいけない

採用目標人数を達成するための人数合わせに内定を出す会社は、内定辞退が増えます。採用担当者の評価は、入社人数です。つまり、焦って予定の入社数を埋めたく、内定を出してしまうのです。採用担当者の本当の実力を見たいならば、入社人数だけではなく、内定辞退率（内定を出して入社を辞退する率）が、0に近いかどうかも併せて教えてもらったほうがいいでしょう。

内定辞退を0《ゼロ》にするには、「入社意思が100%でなければ、内定は出さない」という方針を持つことです。いかにして入社意思が100%であるかを見極めるかというと、選考の中で次の3つを確認すれば大丈夫でしょう。

ひとつ目は、他社の選考を受けているかどうかです。

他の会社の内定をすでにもらっていることはあったとしても、自社が第1志望であるならば、他の会社の選考は受ける必要はないはずです。しかし、他の会社の選考を受けているということは、入社意思は100%ではありません。当社が採用した人材のほと

んどは、選考が進むにつれて、当社へ入社する意識が高まっていきます。なぜなら、当社は本人の入社意思が強くないなら、採用しないというスタンスが学生に届いているからです。お願いして入社してもらうのとは筋が違います。

ふたつ目は、自社の内定が出た時点で、すぐに内定先に辞退する旨を伝えられるかです。

私は、次のような質問をします。

「もしこの場で内定を出したとしたら、今内定をもらっている企業にはどのような対応をする？」

「辞退の連絡を入れます」と返答があったなら、「どのように伝えますか？」と聞き、いつ連絡をするかも確認します。今日、明日中に辞退の旨を伝えるという意思があれば大丈夫でしょう。

3つ目は、当社が内定を出したら一週間以内にご両親のサインをもらったうえで、内定承諾書を返送してもらうルールがあることを伝えます。

もしも、一週間以内に内定承諾書が提出できない場合は、いったん内定は取り消しになるけど、大丈夫かどうかを確認します。他社と迷っている場合は、一週間で意思決定はできないですし、ご両親が猛反対している場合も、大丈夫と言いづらいものです。志望度が、その時点で100%でない場合は、もう少し期限を延ばせないですかと学生から言ってきます。

気をつけなければいけないことは、採用活動の中で簡単に「あなたを採用したい」という言葉はなるべく使わないことです。私は、恋愛と採用はとても似ていると思っています。心理戦の要素もかなりあり、そして駆け引きもあるからです。例えば、一人の女性に3人の男性がプロポーズをしたとき、軽々しく「あなたに一目惚れした。結婚しよう」という男性よりも、お互いが愛し合える関わり合いをし、相手も自分のことを好意的に感じている中で「結婚したいね」と伝えるほうが、女性は惹かれるものです。相手がその気になっていないのに、告白してもいい結果にはなりません。

採用の話に戻りますが、採用担当者はよく学生に「内定をもらうことをゴールにしてはいけないよ」とアドバイスします。しかし、逆に採用担当者が、学生に内定を出すことが目的になってしまっていることがあります。内定を簡単に出せば出すほど、内定辞退の確率が上がることを覚えておいてください。相手が入社したいという気持ちが高まったときの内定と、そうでないときの内定は、内定を伝えた瞬間の喜びも違います。せっかく内定を出すなら相手がうれしいという気持ちが湧く状況で伝えたほうがいいです。

また、学生の入社意思が１００％になっていないのは、学生の責任ではありません。会社側が学生を魅力できていないことが要因です。１００％に近づけるためにどれくらい努力をしていますか？　恋愛で好きな相手ができたら、相手から好きになってもらえるように関わるものではないでしょうか。直接会っているときはもちろん、会っていないときも連絡をとりながらコミュニケーションを大切にしなければなりません。何もしないで好きになってもらおうと思うのは、ただのエゴです。

学生は、平均6股をかけている

学生にもよりますが、選考を受ける会社を1社に絞って就活する学生は、ほとんどいません。会社の志望数に各々の違いはあるものの、平均6社くらいは同時に選考を受けています。恋愛でいうならば、6股をかけられていることになります。つまり、自分が学生と会っていない時間は、他の企業の人事担当や、社員と会っている可能性があるということです。

6股をかけている相手が、最終的に一途になるプロセスを認識する必要があります。人は、今の幸せから、未来も幸せになるという可能性の認識をします。今、一緒にいて楽しくない相手や尊敬できない相手に将来性を感じることは難しいでしょう。

人は、自分の持ち時間の中で幸せを得られるであろう「人」「環境」を選んで、時間を費やそうとします。学生であれば、サークル、アルバイト、ゼミナール、恋愛、就活などです。以前ブームになった『脳内メーカー』をイメージしていただくといいと思います。自分が好きなことや興味のあることが脳の中を占めるわけです。ですから、採用活動で考えるなら、他のことや他社の選考を受けることに時間を使うよりも、当社の就活に時間を割きたいという状況をつくれるかがカギを握ります。つまり、相手の願望に自社や自分たちが入れるかどうかです。

私が採用担当者のときには、例えば社内のBBQ大会や船釣り、アスレチックレクリエーションなどに誘って学生と社員とが仲良くなれる機会をつくっていました。また、仕事の本質をつかんでもらうために、弊社のスタッフに同行して現場体験をしたり、1日付き人インターンシップと題して私と活動をともにすることもありました。

学生に面接の案内をする際に「次回の面接日は〇月〇日の13時から行いますので自社

にお越しください」だけでは、もったいないということです。私なら、次の面接までの間に課題を出して、その課題を解決するための中間発表やフィードバックタイムをとり、その学生が課題を解決できるようにサポートします。フィードバックの際には、学生だけでは思いつかない視点でアドバイスしてあげることで、好奇心や成長意欲に刺激を与えます。また、課題を出すことで、面接までの間に自社のことを考えてもらう機会や、学生とコミュニケーションをとることにつなげています。

ビジネスにおいては、お客様のリピートをつくったり、ファンを増やすために色々と取り組むはずです。そのためにいかにお客様に満足してもらい、感動してもらうかを考えるものです。採用活動も同じように出会う学生をいかに魅了し、継続的に関わりたいという意思を引き出す必要があるのです。

他社の面接を受けた翌日に、必ず電話をかける

採用担当者なら選考を受けている学生とは定期的に連絡をすると思いますが、必ず連絡を入れなければならない日があります。それは、その学生が他社の選考を受けた翌日

です。それも、複数受けている企業の中で、その学生が一番志望度が高い企業の選考を受けた翌日は、絶対に外してはいけません。

私が採用担当者のときには、学生の本音や選考の状況を全て聞いていたので、仮に6股かけられていても、それがどこの会社で、次にいつ会うのかをすべて把握していました。恋愛においても、仮に6股かけられていたときに、相手を知らないと居ても立ってもいられない気持ちになりますが、相手の情報を知っておけば、どのように関われば最終的に自分を選んでもらえるかという作戦が立てやすくなります。

就活において、学生が複数社の企業を受けている場合、私たちの会社にその時は一番入社意思が傾いていたとしても、2週間後には変わっている可能性があります。それは、他社に行った際に、その学生がとても憧れるような先輩社員に出会う可能性もありますし、その学生の未来が拓かれるようなキャリアプランを他社で見いだすこともあるからです。

そのため、他社と接触をした翌日に電話をし、そのことに直接触れる訳ではなく「最近どう？　何か就活で変化はなかった？」と尋ねます。

そして話を進めながら、

「そう言えば、○○社の選考って、どんな感じだった？」

と何気なく聞きます。すると
「ちょうど昨日面接だったんです」

「そっかー。どうだったの？」

と突っ込んでいきます。このときに、他社に気持ちが傾き始めていると感じた場合は、すぐに会う機会をつくるようにします。電話で問題を解決しようとせず、対面で会うことが大切です。そして常に一番大切なことは、その学生が望む人生を実現するためにはどのような選択肢が良いかを一緒に考えてあげるということです。先述した「究極の10の質問」を投げかけながら、常に相手目線の関わりやアドバイスをしていきましょう。

私は常々、採用担当者の仕事はキャリアアドバイザー的な役割が強いと思っています。「学生にそこまでやる必要はあるのですか？」と言われる採用担当者の方がいます。私は「そこまで？」という言葉にひっかかります。私は後悔しないように行動したいと思っています。フラれたときに「もっと関わればよかった」「あのとき連絡すればよかった」と思いたくないのです。現実は、相手や運に委ねるだけではなく、自分の行動で変えられることがあると考えているからです。

この会社でなければならないという決定打を創る

人間が意思決定をするときは、自分で自分を納得させられるだけの材料が必要です。人はモノを買うときに、そのモノを買う理由を考えます。その際、人はそのモノを手にした後の肯定的なイメージを想像して買います。例えば、格好よくなるとか、手間が省けるとか、無駄がなくなるなどです。もう一度言いますが、人は買った後のイメージが肯定的に想像できれば、買いたくなるものです。

以前、京都大学の学生で、大手人事コンサルティング会社から内定をもらい、その会社に入社すると言って、辞退を申し出に来た学生がいました。その当時、採用担当だった後輩に対応を任せていましたが、30分くらいたってヘルプの電話がかかってきました。そして、ふたりが話していたカフェに行き、1時間くらい話をしました。

その学生が一番したいことは、大学で学んだことも生かして、心理学や統計学を使って人や組織の行動を調査研究し、人事系のコンサルティングに携わりたいというものでした。すでに内定の決まっていた大手コンサルティング会社は、独自の組織診断サーベイが商品になっていました。学生も自分のやりたいことがすでに商品化されていたので活躍のイメージが湧いたのかもしれません。

私は、学生の話を聴きながら、絶対に自社に入社したほうがやりたいことができると確信を持ち、次のように伝えました。

「自社にはサーベイ（診断ツール）は商品にないんだけど、僕は今までにないサーベイをつくりたいと思っているんだよ。世の中にあるサーベイは紙に記述式で答えるものだったけど、僕が開発したいのは、人間の行動を分析・評価し、その人材がどのように活躍できるかを見いだせる今までにない行動特性を解明するサーベイなんだ。そうすれば、将来、教育のテーマパークをつくる構想を実現する際に、利用者の能力診断などにも応用できる。そういったのを、社内にラボをつくって、あなたに創りあげてほしいな」

学生の目は、しだいに輝きワクワクしている印象を感じました。そして学生のカバンの隣にある紙袋に花束が入っていたので、尋ねました。

「ところで内定はいつ出たの？」

「今日、出たんです」

「おーそれはおめでとう！　それで花束を持っているんだね？　でもなんで内定もらっ

た今日、辞退を言いに来たの？」

と聞くと、
採用の人から、「内定が出て入社の気持ちがあるなら、選考受けている会社に早く断りに行ったほうがいいよ」

とアドバイスをもらったということでした。私は、そこで言いました。

「今、僕の話聞いてどうだった？」

「正直、魅力を感じました」

「本当に今日内定もらった会社に、内定をもらったうれしさで決めちゃって大丈夫？冷静に決めたの？」

「ちょっと勢いに流されている気もします。あと両親が中小の御社に入社するのを反対していることもあって……」

そこで、伝えました。

「人生は一回しかないし、社会に出て最初に働く場所はとっても大切だから、いろんな目はあるけど最後は自分の心の目で判断したほうが後悔しないと思うよ。自分が一番冷静に自分の心と向き合って対峙できるのは、どのようなシチュエーションのときなの？」

と聞くと意外な答えが返ってきました。

「滝に打たれているときです」

どうやら昔一度、滝に打たれて精神統一をした経験があるらしく、京都に戻って本当に滝に打たれて考えたようです。そして、この学生はすでにサーベイの商品のある会社よりも、新しい発想で新しいものを創れる可能性が自社にあると感じ、最終的に私たちの会社に入社をしてくれました。

入社後、約束通り行動特性を分析するサーベイシステム「ACT」を開発し、NHKの『クローズアップ現代』という番組でも取り上げられました。このように、学生が本当に果たしたいことが実現できる会社であるということをしっかりと伝えることができれば、中小企業でも入社してもらえる確率が高まるのです。

学生がサーベイの開発をしたいと聞いて、自社にはサーベイがなく、競合相手にはサーベイがあると負けると普通なら思います。しかし、それは錯覚です。本当に欲しい人材であれば、なければ新たに作ればいいし、その分野の新しい研究開発をし始めることを伝えればいいだけです。それが、会社の可能性を広げることにもつながるわけです。

信頼している社員と、偶然を装って会わせる

以前、青森に住んでいた採用候補の学生が、自社のある女性マネージャーに強く憧れていました。そのマネージャーのもとで働くことを願望にしていました。その学生は、バイタリティのある学生でしたので、いろんな企業からもオファーを受けていて、自社への入社を決めきれていませんでした。その学生の選考状況をつかんでいた私は、青森から東京に1週間ほど来て、各社の選考を受けるという情報を得ていました。

当社における選考の残りは、役員面接のみでした。役員面接に臨む際には、当社に入社の意思を固めていなければ、内定は出さないというのが役員の考えにありました。ですから、東京に来た際に、入社意思を固めてから役員面接に臨ませる必要がありました。

事前に学生には東京に来た際に、当社に寄れる日程を確認し、その学生には内緒で、憧れのマネージャーにオフィスにいる時間を確認しました。そして、そのマネージャーがオフィスにいる日程で学生に来てもらうことにしました。そのマネージャーは、常日頃から全国を飛び回っていたので、オフィスで出会えるというのは稀であり、学生も私と

ふたりでの面談を想定していて、そのマネージャーに会えるとは思っていませんでした。

そして、面談の当日、私が30分ほど話した後、偶然を装ってそのマネージャーが面談ブース前を通りかかるシチュエーションをつくりました。ここで大切なのは、意図してセッティングしていると学生に気づかないように偶然を装うことが肝心です。

「あら！　A子さん来てたのね。今日この時間、たまたまオフィスだったから、まさかあなたに会えるなんてうれしいわ。やっぱり縁があるわね！」と再会を喜び合いながら、10分ほど立ち話をしました。

学生も憧れの先輩と対面できたことでうれしい気持ちと、その場でマネージャーから「入社を待ってるわよ！」とあなたが必要な存在だということを短い時間で、強く伝えることによって、学生の決意を固めるきっかけになりました。

採用担当者ができることは、情報と環境の提供です。その情報や環境をいつどのようなシチュエーションで学生に届けるかをプロデュースすることが実はとても大切なのです。

伝説の囲い込み「ＫＫＫ」とは？

採用ターゲットが選考の終盤で複数の会社と悩んでいる際は「飲み会」を企画します。レガシードでは、会社から徒歩3分くらいの創作居酒屋のある個室が定番の舞台です。採用したい学生一人に対して、参加する社員は5人程度で、次のような構成です。

- **採用担当者（場合によっては学生の担当リクルーター）**
- **役員クラスの幹部（場合によっては社長）**
- **入社3年～5年で、学生との親和性が高い人材（出身校、部活、性格などが合う人）**
- **中途で入社した人材（他社と自社の比較が経験談で語れる人）**
- **既に内定が出ている同期になる内定者（就活で同じような悩みをしていた人）**

「ＫＫＫ」というのは「囲い込み（ＫＡＫＯＩＫＯＭＩ）」の略称で、社内の略語です。学生を真ん中の席において、両脇に社員が座ります。この場の目的は、飾らず本音で語り合うことです。そして、「もし、自分がその学生の立場だったらどうするか」という視線で、それぞれの見解を伝える場にしています。「あなたはこうしたほうがいい」「こう考えたほうがいい」という押しつけの伝え方ではなく、「もし、自分が同じ状況だったらこのようにする」という表現で伝えることによって、本人自身が自分の頭を使って考える機会をつくることを目的としています。

学生は他社と迷っているケースがほとんどなので、他社に入社した場合の5〜10年のキャリアステップと、自社に入社した場合の5〜10年のキャリアステップの違いについても、5人それぞれの観点から伝えていくことが大切です。5人が同じテーマでそれぞれの見解を伝えていくと、ひとつやふたつはなるほど確かにそうだなとその学生が同感するメッセージを届けることができます。自分のために、これだけ多くの社員が時間を割いて、親身に関わってくれていることや、自分に対して期待してくれていることが伝わることによって、学生も真剣に向き合ってくれます。

以前、私が採用担当者のときは、学生の状況やタイプによって、行くお店をいくつかリストアップしていました。なるべくにぎやかな大衆居酒屋のような場所や、チェーン店ではなく、集中して話ができ、料理も空間もクオリティの高いお店を選ぶようにしていました。しかし、高級すぎるフレンチや、学生がかしこまってしまうような店だと、逆に学生が緊張するのであまり好ましくありません。そういう場所は、内定が出た後の祝賀会や歓迎会で使うことがおすすめです。

先輩社員から推薦文をもらい、社長面接のときに読み上げる

選考プロセスの中で、必ず学生にやってもらう課題があります。それは、自分の身の回りの人から「推薦文」をもらってくることです。通常は、1週間で10名以上の人から推薦文をもらい、それを期限内に提出できたら、社長面接や最終面接に臨んでもらいます。

学生は推薦文をもらおうとすると、その会社になぜ入社したいのか、どういった魅力のある会社なのかを、推薦をもらう人に伝えることになります。そのことで学生も改めて、なぜ自分がその会社に入りたいのかを考える機会になります。また、推薦を書く人もその推薦文がその学生の人生を左右するとても重要なものと認識するため、その学生のことを真剣に考え、その人材の魅力や強みをエピソードも交えて、しっかりと表現してくれます。それを読んだ学生は自分が支えられていることや、応援されていることに感謝の気持ちが芽生え、最終選考に臨む気持ちも高まります。

最終選考までに推薦文を提出してもらい、その推薦文を最終面接に参加する役員陣は事前に読んでおきます。そして、学生には内緒で選考の中で関わってきた先輩社員や面接官にも、なぜその学生を最終選考に進めたのかを踏まえて推薦文を書いてもらいます。その推薦文を面接の冒頭で採用担当者が代読します。これは、学生に対して選考で関わった先輩社員がしっかりと自分を見てくれ、応援してくれていることを実感してもらい、自信を持って役員面接に取り組んでもらうためです。また、役員陣に対して現場社員がどれくらいその学生を評価しているかということをしっかりと伝えるためです。

社長が採用活動で、一番がっかりするのは採用したい人材が内定辞退をしたときですが、実は採用担当者が一番がっかりするのは、採用チームとして採用したいと思っていた人材が、役員面接で不採用となった瞬間です。採用チームとしては、長い期間かけてその学生とのマッチングを図り、入社動機を高めてきたにもかかわらず、30分ほどの役員面接で役員から「NO」と判断されたときは、悔しい気持ちになります。

ですから、採用担当者として役員面接の冒頭でしっかりと現場社員の評価を伝えることによって、役員に学生の評価ポイントをしっかりと訴求して始めることにしましょう。役員の採用基準と、現場の採用基準がズレるとストレスになります。役員陣の採用基準を知るとともに、現場サイドの採用基準もしっかりと伝え、同じ基準で採用に臨むことが大切です。逆に、役員面接では見極めるよりも、学生の意思確認の場とし、入社後に一人前の社会人に育成することを経営陣としても学生に伝える場にしましょう。

入社意思100％の学生には、社長がその場で内定を出す

最終選考において、学生が他社の選考を受けることを全て断り、自社への入社しか考えていないという状況で、こちらもぜひ採用したい人材であったなら、最終選考が終わった時点で「ここまで選考を最後まで受けてくれてありがとう。選考でかかわった社員からも高い評価だし、今日、話をして私もあなたと一緒に未来を創り上げたいと強く感じました。これからともに輝く未来に向けて、力を合わせていきましょう」と伝え、握手を交わし、「正式に内定とします。入社を待っています」と伝えます。

そして、面接の部屋を出たときに、社員の前で「このたび、○○さんを当社の仲間として迎え入れることを決めました！」と伝え、その瞬間、全社員で「内定おめでとう！」と讃《たた》えます。そこで、クラッカーを鳴らす企業もあります。そして、内定証書を読み上

げ、お祝いのお花、社員の寄せ書きのメッセージボードなどを渡し、その学生から一言もらいます。そして、記念写真を撮影します。内定を出す瞬間は、まるで、結婚式の挙式の場に近いかもしれません。

たとえどんな困難があったとしても、ともに力を合わせて未来を築き上げていこうという気持ちを伝える場であり、仲間となる社員がウェルカムな気持ちで学生を迎え入れる場でもあります。内定通知を書類で郵送するだけの内定の出し方ではなく、学生にとっても思い出に残るような喜びの瞬間を創ることが大切です。内定を出した後は、祝賀会を企画して、懇親を深める企業も多いです。

大阪のある住宅の会社では、学生には内緒で、事前にご両親に内定を出すことを説明し、ご両親のもとに採用担当と役員がご挨拶に行き、ご両親からのお祝いメッセージを動画に収め、内定を出す瞬間に見せます。とても感動的なご両親のメッセージで本人はもちろん、社員まで涙することがあります。会社にとっても、事前に親御さんに対して直接、会社のことを伝えられるので、安心していただける機会になります。その結果、ご両親が子どもの内定承諾に対して前向きになることにもつながります。内定の出し方ひとつでも工夫することによって、内定承諾率は高まるのです。内定を出す際には、必ず社長が直接、学生にメッセージできる場を設けましょう。誰に言われるかで伝わる影響力が変わるからです。

ライバル企業より、先に内定を出してはいけない

内定を出すタイミングについて、よく聞かれます。私は、学生が複数の企業の選考を受けている場合は、内定は必ず最後に出します。私の経験では、後出しのほうが内定承諾の確率が高いからです。最近は、多くの企業が焦って、早くに内定を出します。もちろん学生の中には、最初に内定が出た会社に決めるという学生がいるのも事実です。そのときは、先に内定を出すこともあります。

しかし、ほとんどの学生は、最初に内定が出た会社に入社していません。なぜかというと、複数企業を受けている学生に最初に内定を出すということは、学生がまだ入社意思が固まっていないのに内定を出すということになります。実は、選考の中で何度も対話を重ね、入社する会社を迷いながらも、自社への入社意思を固め、その意思を受けて、最後に内定を出す会社の内定のほうが、重みがあるのは明らかです。

そして、企業は内定を出してしまうと意外とフォローが手薄になります。なぜかというと、内定を出したのだから、あとは自分で決めなさいというスタンスになりがちだからです。

意思を固めるまで内定を出さない会社は、必然的に意思を固めるためにどんな情報や環境をつくればいいかを考え続けることになります。ですから内定を出した会社よりも学生への関わりが手厚くなります。とりあえず内定を出し、確率論で人数合わせの採用活動をすると、内定承諾率は50％を切ります。そもそも恋愛において10人に告白して5人にフラれるというのは異常なのです。

弊社は、２０１９年卒の新卒採用活動において、現在、９人の学生に内定を出していますが、９人全員から内定承諾を受けています。それは迷っている学生は、学生が納得するまで就活をしてもらい、他社も見てもらった上で、やっぱりレガシードに入社したいとなってから内定を出しているからです。

学生は、最後の局面においては基本、レガシードか別の会社かの二者択一になります。そして、別の会社はすでに内定が出ているという状況です。全く内定が出ていない時点だと、意思決定ができない学生も中にはいます。そのため、内定がある上で最終的にレガシードに入社する価値があるかどうかを考える機会を創っていきます。二者択一であれば、相手との比較検討において、相手が勝るポイントももちろんありますが、相手にはなく自社にしかない魅力も必ずあります。そこに共感してもらえれば私たちを選んでもらえます。

繰り返しになりますが、面談において確認する「究極の10の質問」の中にもある、学生が本当に実現したい人生や、大切にしたい価値観をもとに、相手の会社にはない自社の魅力を伝えることが大事です。ここで気をつけなればならないのは、学生と話した上で仮に学生が自社に入社したいと言っても、すぐに内定を出してはいけません。まずは、すでに内定が出ている会社に直接、内定辞退の旨を伝えに行きなさいとアドバイスします。そして、相手に了承をもらった上で再度会う機会をつくり、そこで内定を出すようにします。

なぜ、内定辞退の旨を直接伝えさせるかというと、第三者に最終的に自社に入社する理由や想いを自分の言葉で伝えることによって、自社に入社する気持ちを強くすると同時に、相手企業の担当者が相当優秀でない限り、その状況を逆転させることが難しいからです。なぜかというと、そのように内定辞退を申し出てきたときには、つい相手の会社の批判をするか、無理やり食い止めようとするか、あっさりと応援してしまう場合が多いからです。この3つのうちひとつでもをとってしまうと学生には効果がないのです。恋愛でもつき合っている人がいるなら、ちゃんと別れてけじめをつけてから、つき合おうというのが筋です。学生が他社の内定を持っている際には、その企業を断ってから内定を出すようにしましょう。

第
6
第

内定辞退を
されたときの
ひっくり返し方

内定辞退を見抜く、3つの予兆とは？

学生は内定をもらうまでは、モチベーションも高く集中していますが、内定をもらったとたん気持ちが沈んでしまう学生がいます。この状況を「内定ブルー」と言います。この現象は、年々、増加傾向にあるようです。

採用活動支援会社のアイデムの調査では、「入社予定企業を決定した後に、不安や憂鬱な気分（内定ブルー）になったことはありますか」と聞いたところ、「ある」と回答した学生は81・1%と、多くの学生が内定ブルーに陥っていたことが判明しています。

その理由としては、第1位が「自分は社会人としてやっていけるのか」、第2位が「同期や社員とうまくやっていけるのか」、第3位が「入社予定企業の求める力が本当に自分にあるのか」といった、自分の力量や環境順応への不安を持っている学生が6割に上ります。

第5位以降が「もっと他に良い企業があったのではないか」「入社予定の企業に対する家族や周囲の評価・評判が悪かった」「志望企業ではなかったので、入社したくない」といった、内定先に対する不安です。

企業は内定を出すと安心しますが、学生は逆に不安を抱える可能性があります。そこで、内定を出して放置するのではなく、そのあとの関わりが重要であるということがわかっていただけると思います。内定辞退を未然に防ぐためには、内定辞退をする可能性があるという予兆を感じることが大切になります。結果的に内定辞退になってしまう学生の特徴として、次の3つの予兆が挙げられます。

ひとつ目の予兆は、「レスポンスが悪くなる」ということです。

内定を出した後は、採用担当者と内定者とがつながれるコミュニティをネット上で作ることを推奨しています。例えばＬＩＮＥグループだったり、Facebookコミュニティだったり、社内のコミュニケーションアプリなどを活用します。そうすると、企業側が内定者に何かを投げかけたときの「既読の速さ」や、コメントの「返信の速さ」によって、どれくらい内定者が自社に関心を寄せているかをつかむことができます。

内定辞退を考えていたり、迷っている学生は、企業側の投げかけに対してのレスポンスが遅くなる傾向が高いです。その際は電話をし、「最近どんな感じ？」と投げかけながら、忙しくてレスポンスが悪いのか、入社を迷って前向きになれず、レスポンスが遅いのかを会話を通して確認していきます。

ふたつ目の予兆は、「社内イベントへの参加頻度が悪くなる」というものです。

内定が出た後は、社内の飲み会や業務体験、次年度の採用活動への協力など月に最低でも内定者が参加できる3つ以上の企画を用意します。入社に前向きな学生は、自分の予定の都合をつけてでも会社の用意するイベントに参加しようとします。しかしながら、入社を迷っている学生は予定を調整してまで参加しようとせず、結果としてイベントの参加頻度が低くなる傾向があります。

また、イベントに参加しない場合は、終わった後に参加した内定者から内容や感想を参加しなかった学生に共有してもらうようにします。その際の反応や興味度を情報共有してくれた学生に確認することで、参加しなかった学生の心の状態をつかむようにします。採用担当者には、内定辞退が確定するまで本音を明かすことはなかなかありませんが、気の知れた内定者には「実は、今悩んでいる」といった本音をこぼすことがあります。

3つ目の予兆が「顔色や声のトーンが悪くなる」ということです。

入社を決めている学生は、社内に来たときも前向きに笑顔で社員と関わり、発する声もポジティブです。しかし、入社を迷ったり、他社の選考を受け始める学生は、少なからず、後ろめたさを感じているため、笑顔が少なかったり、声のトーンが下がることがよくあります。私は、朝礼の唱和で会社の理念やフィロソフィーを読み上げる際に、声から発せられるエネルギーからも予兆を感じとるようにしています。

このように、採用担当者は、学生の変化をつかむ力が求められます。学生のことをよく観察していると気づけるものなので、レスポンスが遅いからダメとか、イベントの参加頻度が悪いからやる気がないという感覚を持ってはいけません。そういった状況になっている学生は何かしら悩みを持っていたり、他社のことを考え始めているのではないかとアンテナを張り、学生の本音がどこにあるかをきちんと捉えることが大切です。

内定辞退されたときは、「受け入れない」「説得しない」

内定辞退の申し出が学生からあった際には、簡単に受け入れてはいけません。一般的に学生は、メールないし、電話で内定辞退の旨を告げてきます。特に電話やメールで「残念ですが、承りました」というような返答をしてはいけません。必ず、内定辞退の申し出があった場合は、一度対面で会話をするようにしてください。対面すると、学生は最初申し訳なさそうな雰囲気で話を切り出してきます。ここで注意してほしいのが、反論をして説得をしないということです。

まず、相手が、なぜ自社ではなく他の道を選んだかという判断プロセスをしっかりと聞きます。そしてその判断プロセスを否定しないようにします。話を聞いて、自社よりも明らかに他の会社が、その学生の人生をプラスにするという確信が持てた場合は、その道に進むことを応援し、後押しすることもあります。

しかし、内定辞退を申し出る学生のうち、他社に100％入社を決めた上で連絡をしてくるケースは、実は稀なのです。つまり、意思はまだ固まりきってはいないけれど、いったん内定辞退をしておいたほうがいいのではないかという焦りから連絡をしてくるケースがあります。また、名の知れた大手から内定がもらえて周りからもすすめられたので、断りに来たケースもあります。

つまり、簡単に受け入れてはいけないのです。学生は素直なので、親や先生や先輩から言われた一言で、自分の本当の気持ちよりも、世間体や一般論に流されてしまうのです。結果的に自社に入社するかしないかはさておいて、本当にその学生がどういう意思決定をすることがその学生が描く理想の人生につながるのかという一点を見失わないように関わります。話を聞いた上で、学生が他の会社や他の道ではなく、自社に入社したほうがいいと思えたときは、再度「究極の10の質問」に沿って本人の心の声を確認していきます。

入社をしていない段階で、どこの会社に入社したら正解なのかはわかりませんし、自分の決断を正解にしていくことが求められます。大事なことは、自分の決断を正解に変えていけるような働き方を貫ける舞台（会社）を選ぶことを学生に推奨します。

「もしもトーク」で、自社に入社したイメージを本人に語らせる

内定辞退をする理由は、「本質的な理由」よりも「短絡的な理由」に陥る傾向がよくあります。ですので、「もしも、……だったら」という問いかけで本人の本質的視点を捉えることが大切です。例えば、

「両親が大手をすすめるので、そっちに行こうと思っているのです」

と言われたときに、このように切り返します。

「ご両親は大手企業のほうが安心するかもしれないよね。ところで、もしもご両親が大

手企業ではなく、中小企業の当社のほうがいいんじゃないって、すすめたらどうする？」と尋ねます。この質問では、親の反対が、もし賛成だったら、意思決定がどうなるのかを確認するものです。もしも、ご両親が大手ではなく、自社をすすめるなら、私たちの会社に入社するというのであれば、ご両親が納得さえすれば目の前の人材は自社に入社することになります。そこで私だったら次のように投げかけます。

「親や世間の目で人生の多くの時間を費やす働く環境を選ぶのと、自分の心の目で選ぶのと、どちらが後悔ない意思決定になる？」

自分の意思を大切にしたいということであれば、ご両親に対してどのように話をすれば理解してもらえるかを学生と一緒に考え、場合によっては、ご両親と面会し、話し合いの場を持つことも企画します。

逆に両親が当社を勧めたとしても、大手企業に行くという返答であれば、内定辞退の本質的な理由はご両親の反対ではないので、何が本当の理由で辞退をしようとしているのかを改めて確認し、一番のネックになる要因を捉えることにします。

また、次のような理由で、内定辞退を申し出る学生もいます。

「大手で知名度もあってブランドもある会社から内定が出たので、そちらに気持ちが傾

いています」

この場合、私ならこのように投げかけます。

「あの大手の会社から内定が出るなんてすごいね。ところで、もしも当社がその会社と同じくらいの規模や知名度やブランドがあるとしたなら、どんな意思決定になる？」

と尋ねます。この質問では、企業規模や知名度に差がなかった場合は、どんな意思決定になるかを確認しています。なぜならば、企業規模や知名度の差は会社決定のもっとも重要な本質的要因にはなりづらいからです。なぜならば、仮に今は小さい規模の会社でも未来は誰もが知っている知名度のある大きな会社にすることはできるからです。

知名度のある大手に入社するというのは、その大きな会社の現状がすごいのです。しかし、今は小さな会社でも10年後に知名度のある偉大な会社になったなら、それを創ったあなた自体がすごいと言われることになります。この投げかけでは、規模や知名度やブランドが同じくらい当社にあれば、私たちの会社に入社をするというのであれば、どうすればそういった会社にするために将来していけるかを話し込み、自分自身が一番成長でき、ワクワクできる環境はどっちなのか？　という本質的な問いを投げかけます。

逆に規模や知名度やブランドが同じであったとしても、大手企業がいいということであれば、規模や知名度やブランドの問題ではないので、なぜ大手企業に入社したいのかという真意を改めて確認していきましょう。

このふたつのやり取りでわかっていただけたかと思いますが、学生が内定辞退を申し出る理由を鵜呑みに信じてはなりません。それは、意外と短絡的で表面的な理由で伝えてくることが多いからです。

私たちがモノを購買する際に、本来であれば色々な商品を比較し、購買後の効能・効果が最も期待できるものを選ぶものです。しかしながら、「ブランド・知名度があるから」「たくさん買うとコストが安いから」「すぐに手に入るから」といった本質的ではない意思決定でモノを買ってしまうことがよくあります。会社選びも同じような危険な意思決定にならないように、学生のためにしっかりと向き合ってあげることも採用担当者の務めなのです。

本当に欲しい人材ならば、「特別待遇」を与えることもある

私が新卒で最初に入社した会社は、当時創業して14年で社員20名、売上が3億円程度

の中小企業でした。なぜ、その会社を選んだかというと、大学院に行きながら正社員として働いてよいという二足の草鞋《わらじ》を履くことを許可してくれたからです。私はすぐに就職は考えておらず、大学院の進学を検討していました。しかし、両方同時にやってよいという選択肢をもらったことで、入社の意思決定ができたのです。

もしも、その条件が提示されていなければ、入社することはなかったかもしれません。その経験から思うのは、採用したい人材がいたときに、「特別待遇」を与えることも大切だということです。当社でも、新卒で「経営人材」になりたいという願望を持ち、会社を創る立場として働きたいという人材には、入社してすぐに経営推進部門のリーダーを任せる約束をしました。

また、人材業界ではなく、他業界のほうが向いているのではないかと迷っていた学生も当社として採用したい人材でしたので、人事コンサルタントになる道ではなく、上場プロジェクトの推進や、社内の教育制度の仕組みの確立を担うポジションを用意し、将来起業したいという想いにつながるキャリアマップを用意しました。新卒ではなかなか配属されない部署に配属されるということも「特別待遇」のひとつとなります。

また、弊社のクリエイターの採用においては、弊社がデザイン専門の会社ではないため、外部のプロのクリエイターに指導に来てもらったり、専門技術を学ぶためのスクールの受講料を会社が負担してあげて専門技術を学ぶための環境を用意することもしました。それによってデザイン会社に入ることを辞め、当社に入社をしてくれた人材もいます。

学生はその会社が自分を特別に扱ってくれているということを実感し、他社では得られないメリットだと受け取ります。会社として採用したい職種や役割があるかと思いますが、そこには収まらないような人材を採用したいときは、その人材を受け入れる新たな職種やポジションや環境を用意してあげることも大切なのです。

そして私は、内定者にはどんどん役割を与え、挑戦をしてもらいます。他社の内定者よりも明らかに成長の機会を会社が提供しているというのも特別待遇です。社員の合宿にももちろん呼び、内定者にもチームの一員として目標を持って取り組んでもらいます。「そこまでやっていいの?」と思われるかもしれませんが、成長意欲の高い学生にとっては「そこまでやっていいの! ありがたい」となるのです。

入社承諾を阻む、「5つの障害」への打開策

学生が入社承諾を拒む障害と、それを打開する方法について説明をします。学生が入社を拒む障害には、主に次の5つがあります。

1．親が反対している

ベンチャー企業や名が知られていない中小企業では、親が反対するケースがあります。親は知名度がある大手企業に入社したら子どもが幸せになると思っているからです。このときに重要なことは、学生自身がどうしたいかということです。学生自身が自社に入社したいという気持ちがあり、ご両親に対して向き合うことができそうな場合は、親と話し合う場をセッティングすることをすすめ、その場に必要な資料を用意してあげます。さらに、私が採用担当者のときは、私が親役になって実際にやり取りをロールプレイしました。

私　「お父さんには、まず何て切り出すの？」

学生　「レガシードという会社に入社したいんだけど……」

私　「そう言ったら、お父さんは何て言うと思うの？」

と聞きます。

学生　「どんな会社だ？」

と言うと思いますと、学生は答えます。学生は両親が何を言えば、どのように反応するかわかるものです。両親に伝えづらいことやどのように表現したらいいかわからないことは、採用担当としてアドバイスをします。学生が両親と話して、うまく伝わるというイメージを持って対話をしなければ、逆に親に押し切られ、思いが伝わらない場になってしまいます。学生だけで解決できそうにない場合は、社長から直筆の手紙を送ったり、親を会社に招くなどして会社を理解していただくための最善の努力を尽くします。

ご両親が子どもの就職活動にかなり口を出すケースは、親子関係そのものがうまくいっていない可能性が高いです。そのときは入社する、しない云々よりも、親子として本音で向き合い、互いのわだかまりをなくし、尊重しあえる関係構築をしていくことに重きを置きます。

ご両親は子どもに不幸になってほしいわけではありません。ただ、子どもの幸せの基準にズレがあるため、いい悪いではなく、そこの違いを理解し合い、後悔なき意思決定を自己責任でできる環境をつくることを見守ります。

2．もっと魅力的な企業が見つかった

この理由で辞退を申し出る学生がいる企業の特徴は、内定を出した後も無期限で自由に就職活動をさせていることが原因のひとつです。結婚しても浮気し続けていいよと言っているようなものです。そして、浮気をするということは、絶対に自社に入社したいという強い想いをつくり切れていない証拠でもあります。入社することを決めきれていない人に、内定を出してしまっていることが最大の問題です。

本来であれば、内定が出て入社を決めたならば、その会社で活動し始め、入社後にいち早く活躍できるように活動することが大切です。仮に内定を出した後も就活を続け、他社のほうが魅力に感じ、内定辞退を申し出た学生がいたとしたならば、必ず学生に直接会い、その企業にはどのような魅力があるのかを教えてもらいます。

その上で自社に勝算がなければ、「いい会社が見つかってよかったね！」と激励します。他社を選んだからといって、反論したり、他社を悪く言ったりすると、逆効果です。逆に自社に勝算があると感じたら、学生自身の人生のビジョンを踏まえて、なぜ自社に入社したほうが本人にとって価値があるかということをしっかりと説明していきます。先

述した通り、後出しの内定のほうが魅力を感じやすいので、改めて初心に立ち返ってもらうことが成功の秘訣です。

3．まだ決められない、もう少し就活をしたい

このときに簡単に同調してはいけません。ダラダラと意思決定の期限を延ばすことは本人のためにもなりません。なぜなら、いつかのタイミングで必ず意思決定が必要なので、どのように意思決定をすればよいかという本質を伝えてあげます。その上で就職活動の期限を切ることや、就職活動の終了条件を明確にしてあげましょう。

まず、意思決定のポイントは、次のような視点を伝授します。

- **時間の長さと選択の質は、比例しない事実を伝える**
- **成功者は決断が速いことと、決断を正解に変える力を持っていることを伝える**
- **物事を横に並べるのではなく、縦に並べ、何からやっていくかという優先順位をつけることの大切さを伝える**
- **親や人の目を気にして意思決定するのではなく、自分の心の目で意思決定することの大切さを伝える**
- **就職活動を恋愛に例えたときに、浮気心があることは誠実な態度かどうかを自己評**

価してもらう

・入社をした後、一番ワクワクする未来が描けるのは、どの会社であるかを想像してもらう

・今受けている会社しか世の中になく、全ての会社から入社してほしいとオファーをもらったら、どの会社にするかを意思決定してもらう

このように、入社する会社を決定することを先延ばしせず、仮に今意思決定するとしたら何を大切にどんな基準で意思決定するかを話し合うプロセスの中で、学生自身が持っている本音や真意にたどりつくことができるのです。

勘違いしないでいただきたいのは、今決めなければならないという〝オワハラ〟と呼ばれるような圧力をかけてはなりません。終わらせることが目的ではなく、本人が納得して終わるためにはどうしたらいいかを一緒に考えてあげることが大事なのです。

4．連絡が取れなくなる

選考の後半で急に連絡が取れなくなる学生が中にいます。内定辞退を申し出ることを伝えることが億劫になってしまっているとも考えられますし、ここまで選考を受けたのに申し訳ないという気持ちの表れで、連絡を拒否する学生もいます。しかし、私が採用担当者のときに入社意欲が非常に高い学生が、突然メールも電話も反応がなくなったことがありました。

チームメンバーが学生に連絡しましたが反応がなく、メンバーは

「バックレたのではないか？」

という言葉を私にしてきました。そこで私は彼らに言いました。

「彼はそういうタイプの人間ではない。もしかしたら、何か事故に巻き込まれたか、病気で寝込んでいる可能性があるので、彼とつながっている学生に連絡を取り、学校に来ているかどうか、また来ていない場合は家に行って様子を見るように投げかけてほしい」

と指示を出しました。すると彼の友人からメールが届き、部活で足を骨折し、病院に入院していると連絡を受けました。そして私はすぐにスタッフに病院にお見舞いに行くように伝えました。彼は数社からオファーをもらうほど優秀な人材でしたが、自分が怪我をし、落ち込んでいる状況の中で、病院まで足を運んで心配した企業は私たちだけでした。その熱意が伝わり、彼は他社をすべて断り、当社を一本に絞り、無事入社を決めました。

「連絡がつかない」＝「学生が悪い」という見方ではなく、同じ状況が家族にあれば大

丈夫かなと心配するのが本来の感覚です。連絡がつかない学生がいる場合は、疑念を感じる前に心配してあげてください。

5．思い描いていたものと異なる現実を目の当たりにした

選考を受けている学生が、自分がイメージしていたものと違う何かに遭遇してしまったために、モチベーションが低下するということがあります。例えば、社員と一日同行した結果、提案が「御用聞き」のように感じ魅力を感じなくなってしまった。また、オフィスで先輩が話しているときに愚痴や会社に対する不満を漏らしているのを聞いてしまったなど……。そのときは直接学生と会い、どんな状況で何を見て、どう感じたのかを率直にヒアリングします。学生が遭遇した状況の解釈が間違っている場合は正しい解釈を説明しますが、事実であれば不安にさせてしまったことを謝罪し、そう感じたマイナスな状況を今後どのように解決していくか、という視点で話し合います。

入社承諾を拒む5つの状況を目の当たりにした際に、一番大切なことは常に学生視点に立てているかということです。企業側としては、入社させたい、早く決めてほしい、迷わないでほしい、いい加減にしてほしいという気持ちが湧いてしまいますが、そうでは

なく「学生の悩みを少しでも解消してあげよう」「困っていることをサポートしてあげよう」「疑問に答えてあげよう」という姿勢が大切なのです。

学生にとっても、自分の人生を決める大切な意思決定になることを企業側も深く認識し、学生に迫るという感覚ではなく、歩み寄るという感覚で関わってあげましょう。

ひっくり返すのは人事部ではなく、「入社を決めた学生」

内定辞退の連絡があった場合は、必ず直接会うことが大事であると先述しましたが、会った際には個室で話し合います。これは実際にあった話ですが、

「いろいろ迷った末、リクルートに内定が決まってそちらに入社しようと思っています」

と言う学生に、私は次のように尋ねました。

「ところで、なんでリクルートにしたの？」

すると、彼はこう答えました。

「人材業界の最大手で知名度もあり、同期の人数も多く、成長できる機会があると思ったからです。あと、両親に伝えたらリクルートをすすめられたというのも理由のひとつ

です。最後、レガシードと2社で迷ったんですが、リクルートに入ることを決めました」

私は、次のように言いました。

「リクルートに内定が出たというのはすごいことだね。ただそれは、リクルートという会社がすごいということかもしれないね。選考の中で、レガシードで描ける未来を考えたと思うけど、今のリクルートに入れたあなたがすごいと言われるのと、10年後のリクルートを創り上げたあなたがすごいと言われるのと、正直なところどちらのほうがワクワクする？」

すると、彼は「レガシードの未来を創るほうが、正直ワクワクします」

「改めて、自分にとって働く理由とか、幸せって何だっけ？」

このように会話を進めていく中で、彼が理想とする働き方や生き方はリクルートではなくレガシードで描けると彼自身が実感したのです。大切なのは今のレガシードとリクルートで比較するのではなく、未来の両社で比較することが大切です。なぜならば、学生は今の会社に入るのではなく、未来の会社をつくるために入るからです。

学生から辞退の申し出があったときに、何とか説得して自社に気持ちを引っ張ろうとしてはいけません。大切なのは学生の心にある本音に問いかけをしてあげることです。結果的にリクルートという会社を選んだとしても、本人は心の底からほかの選択肢に未練がなく、納得した意思決定であれば、そちらを応援してあげます。

しかし、本音に問いかけたときに、浅はかな意思決定や上辺の意思決定で決めてしまっている場合は、本人が自分自身で違和感に気づくものです。意思を決めるのも意思を変えるのも、学生自身であることを忘れないようにしましょう。

泳がせて引き戻す、「水面の葉」の原理

内定辞退が告げられたときに話をした上で、自社ではなく他社に入社するということを応援することもあります。特に、自分の信念が強い学生は、自分の決めた意思を曲げることを嫌うことがあります。そのとき欲しい人材であれば、あまり引き寄せようとせず、泳がせることも大切なアプローチなのです。

「泳がせる」というのは、あえて他社で働いてもらい、理想とのギャップに気づいたころにアプローチを仕掛けるというものです。ですから、他社で内定期間中にインターンやアルバイトに取り組むことをすすめます。相手の会社で働いてみると、思った現実と

「水面の葉」の原理

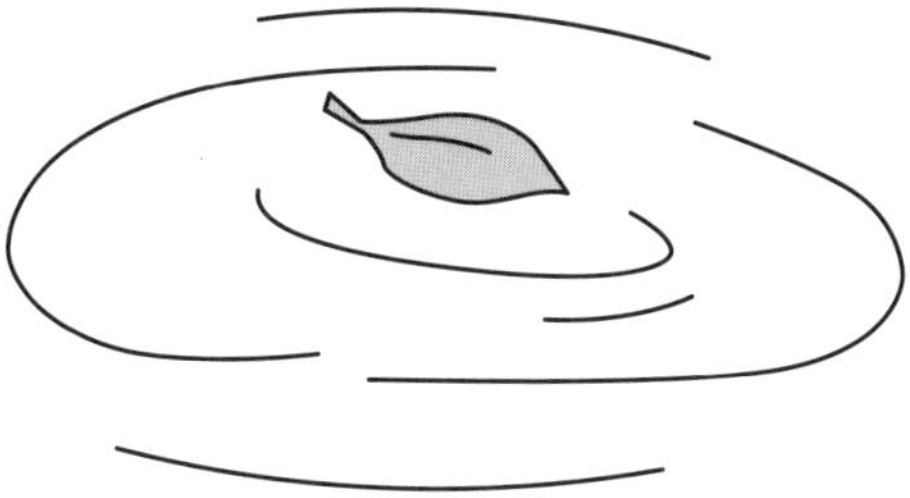

違うという場面にも遭遇します。そして、やはり自社に入社したいと戻ってくる可能性があるのです。

水面に浮かぶ葉も、自分のほうに葉を引き寄せようと水を手前に水をかけばかくほど、葉は自分から遠ざかります。逆に葉に向かって、手で水をかくと淵に反射した水の流れで葉が自分のほうに近づいてきます。

実際に弊社でもレガシードと他社で最後まで悩み、他社に入社した人材がいました。学生アルバイトとして2年以上働いていましたが、他社に行くことになったので残念な気持ちでした。ところが彼は、他社に入社してみると、言われていた環境と違い、その会社を2か月で辞め、レガシードに戻ってきました。「可愛い子には旅をさせよ」という言葉がありますが、若い人材は自分で経験してみないと善し悪しの判断がつかないこともあります。

あとで知りましたが、他社に入社を決めたあとも、自社のスタッフがメールのやりとりをしたり、たまに会って飲んだりしていたそうです。旅をさせたら放置するのではなく、互いの近況を確認しあうことも大切です。そして、自社のイベントなどで誘えるものは、会社が違えど誘ってあげることも関係構築を維持できて効果的です。

他社で働かせるというのは、一見リスクのある意思決定のように感じるかもしれませんが、比較した上で戻ってきた場合は、逆にコミットメント度合いも高く、自社を成長させようという気概も高い状態で入社します。

第7第

選ぶ採用から、選ばれる採用へ

内定辞退は、今の自分たちの投影

内定辞退が起こるということは、他社と比較された上で何かしらの落ち度や足らないものがあるから起こるものです。つまり、不足部分を改善しない限り、また同じような状況が生まれてしまいます。内定辞退率が毎年改善されない会社は、採用活動も何とかしなければなりませんが、会社自体をよりよくしていくことにも取り組む必要があります。

私は、内定辞退が告げられたときは、自分の会社や社員がさらにどう磨かれれば、目の前の人材は他社ではなく自社に入社してくれただろうかと自分に問いかけます。採用活動は、企業にとって学生を選ぶ活動ですが、最終的に学生側に選んでもらわなければ入社は成立しません。社長は会社の長として、人から選ばれる会社づくりを先頭に立って実践していく必要があります。

例えば、私たちの会社でいうと創業年数が浅く、社員数も少ない中小企業です。もしあなたが学生だとしたら、どのような不安を抱くでしょうか？

・ちゃんと、お給料がもらえるだろうか？

・資金繰りは、大丈夫だろうか？
・教育制度は、整っているのだろうか？
・労働環境が、きついのではないか？
・親が、心配するのではないか？
・スケールの大きいことが、できないのではないだろうか？
・市場価値の高い人材になれるのだろうか？
・産休育休など福利厚生は大丈夫だろうか？

などが挙げられます。そういったものを払拭できるような施策や制度が具体的になっていれば、不安は解消できます。ですから、上記のような不安を人は抱える可能性があるとわかっているわけですから、それに対する対策を打てばいいのです。

私たちも創業して5年目になりますが、創業期に比べると採用力は格段に高まっています。採用した人材の能力や人間性も非常に高く、本年度（２０１８年）内定を出した全員を採用したいという強い気持ちを持った上での採用となりました。そのような採用活動ができているのは、創業して5年の中で学生が感じる創業期の中小企業に対する不安材料が解消されてきている現れからかもしれません。

まず、創業期の社長として取り組む必要があるのは、ビジネスモデルを確立し、お客様に喜んでいただける信頼するにたる商品・サービスを確立します。その上で、会社の経営状況を良くすることです。特にキャッシュフローを意識し、会社の現預金を増やすことが大切です。現状、当社では1年間全く売上がなくても、会社が潰れないだけの資金力があります。本年度は新卒・中途を合わせると10名以上の採用が決っています。普通に考えると人件費だけでも年間5000万円以上増えるわけですが、現金を持っているため「人材」に投資が可能なのです。経営は、お金がないと意思決定を躊躇せざるを得ない状況があります。よく創業すると税金を払いたくないという経営者もいますが、黒字経営をしない限り、現金は貯まりません。そして、金融機関からの信頼が得られません。そのため、まずは、経常利益を3000万円以上の会社にすることが、最初のステップになります。

次は、人を増やす中で、いかに仕組み化・標準化・効率化・組織化を図るかがテーマになります。「成長」と「膨張」は違います。膨張は、人だけ多くなって生産性が上がっていない状況です。成長するには、社内の教育制度や社内資格認定制度をつくり、サービスの品質を高めることが必要です。また、会社のルールやマニュアルを明文化し、社内に浸透することで、認識のズレをなくしていきます。さらには人事評価制度やキャリアマップを確立することで自分の期待役割を明確にしたり、将来の年収や働き方がイメージできることも大切です。業務効率を高めるためにＩＴツールへの投資もケチらず、ハイスペックのパソコンやｉＰｈｏｎｅの支給、様々なアプリを使って仕事の効率化を図り、業務フローの見える化も積極的に行っています。

大切なことは、常に良い方向に変化をつくろうとしているかどうかです。完璧な状況は一生ありません。しかし、理想に向けて社員が少しでも働きやすくなり、パフォーマンスをさらに発揮できる環境を整えていくことは可能です。社員が実感していると学生にも伝わっていきます。

会社の成長を確認しあうためにも、社員全員で定期的に合宿をしたり、金融機関を招いた事業計画発表会を行ったりすることで、会社の事業の成長性や、未来の事業発展のイメージを共有する機会をつくっています。もちろん内定者やインターンシップ生も参加できるようにしています。

また、年に一度社員や内定者のご両親を全国からお招きし、会社の1年間の成長の軌跡をお伝えし、ご家族同士が懇親を深められる「就職披露宴」という企画も行っています。ご両親や家族にも会社の成長を見守っていただき、我が子の成長も年に一度確認していただける機会をつくっています。

面白いもので、人の最初の評価はどこに所属しているかです。例えば、東京大学に通っているというだけで、頭がいい、大手上場企業で働いているだけで、エリートと判断されます。残念ながら、現在のレガシードで働いているということは、一般的に社会的評価は高くありません。ですからご両親も不安なのです。ですから、会社を成長させ、名実ともに一流の会社にしていくことで、働いている人の社会的評価を上げる責任を社長は持たなければなりません。私は、一流の会社に成長させている社員を誇れる社長でありたいと思っています。

学生が抱えるであろう不安材料をすぐに全て解消することはできません。3〜5年くらいのスパンで選ばれる会社になるための施策を具体的に進めていけば大丈夫です。社長の仕事は、人から選ばれる会社をつくり上げることです。

採用活動に挑むチームづくりの見直しが、結果を変える

選ばれる会社になるには、採用チームの人選はとても大事です。まず中小企業であれば社長がプロジェクト責任者です。そして、採用チームをつくり、兼務でもよいので1〜2名採用担当者としてアサインします。できれば入社3〜5年の成果を出している社員が理想です。

そして、忘れてはいけないのが現場の社員を採用プロジェクトに参画させることです。まずは、新卒人材を配属する部門長は必須です。そしてその部署のエース社員（入社5〜10年）も入れます。また、新入社員や内定者など入社したての人材も学生のもっとも近い存在として加えます。会社の中でチームをつくる際に、部門を超え、世代を超えたチームは新卒採用プロジェクトくらいではないでしょうか？　ですからこのプロジェクト自体に価値があるのです。

プロジェクトチームに入ったメンバーで最初にやるのは、「採用設計」です。会社の未来像を共有し、人員計画を立て、採用すべき人材像を決めます。そして、採用マーケティング方法の選定、選考フローの構築、役割分担とスケジュールなどを確定します。採用設計はレガシードのような採用を専門にしているコンサルティング会社が進行役を務めたほうがスムーズに進みます。特にマーケティング方法や選考フローの確立は、クリエイティビティが必要なため知見や経験を持ったプロと一緒につくり上げる方がいいものができます。

採用設計のディスカッションでは、自分たちの会社を再定義することになります。誰に対して何を提供している会社なのか、なぜ、自分たちのサービスが選ばれるのか、私たちの会社に入社したほうがいい理由は何かなど本質的な議論をすることになります。そのため、自分たちの会社をさらにどのように進化させていく必要があるかを当事者として考えることになります。ですから、採用プロジェクトチームに入るメンバーが会社の未来づくりのキーマンになるのです。

昔は、新卒採用は、総務部でやるような風潮もありましたが、採用力の高い会社は、新卒採用は各部門から選りすぐりの人材を集めて活動しています。学生から選ばれる必要があるわけですから、会社の中でももっともプラスの影響を与えられる人材を選ぶことから始めましょう。

新卒採用活動が、一番の社員教育になる

新卒採用をしていると社員がメキメキ育っていきます。外部の講師を呼んで行う研修よりも効果があると感じます。講師や先輩から言われるよりも、自分で内省し、下から突き上げられるほうが人は成長します。

社員が採用で学生と関わると、必ず次のような質問を投げかけられます。

「なぜ、この会社に入社したのですか？」

「この仕事のやりがいは、何ですか？」

「この会社で、実現させたい夢は何ですか？」

など核心を突いた質問をされます。仮に仕事をしている理由が生活のためだと思っていたとしても、学生に

「生活しなければいけないから、仕事してるんだよ」

と言っても格好悪いし、伝わらないのは言わなくてもわかるのです。ですから、それ以外の理由を自問することになるのです。そうすると生活のためだけではない、自分なりの仕事のやりがいや、働く理由が見い出せます。

さらにいい人材が実際に入社すると、尊敬される先輩でありたいですし、簡単に追い越されたくないので、さらに成果をつくったり、自分を高めるために取り組みはじめま

す。

入社後も若手から質問されるので、回答できるだけの知識や情報を持っておくことが求められます。人は人から質問され自分なりの回答をする中で成長します。採用活動に関わらせたほうが社員は育ちます。業務に支障が出るから採用に関わらせたくないという発想ではなく、どうやったら社員が採用活動に参加できるような業務フローが可能かを考えるほうが大切です。

社長は、新卒採用に投資しなさい

新卒採用の活動は、人が採用できるだけではなく、働いている社員の育成や組織の活性化につながります。弊社の採用活動は、全社員の取り組むべき業務と位置づけています。社長としての業務のうち、4分の1は採用活動に時間を投資しています。一般的に新卒採用の一人当たりの採用コストは約80万円（人を集める広告費用・ツール設計費用など）と言われています。

弊社では、新卒採用の人集めの費用は、年間約1000万円を投資しています。

2020年卒の新卒採用では、1万5000名の応募から12～15名を採用する計画です。

そして、入社までの内定期間の育成に対して研修やアルバイト代も含めると1000万円以上を投資します。入社後の教育も大切ですが、入社前の教育がとても大切です。入社後は、給料をもらって働くわけですから、価値を創造できるように入社前に基礎トレーニングを行います。もちろんトレーニングは、社長の私が自ら行います。

採用する人材の質だけは、絶対に妥協してはいけません。質のいい人材というのは、能力があるだけではなく、ベースに感謝の心を持っています。自分が給料をもらえていることに感謝をし、それ以上に利益を会社に入れるのは当然と考えています。当社は新卒一年目から給料の3倍以上の粗利益を生み出すことを指標に置いています。それを当たり前のように実現してくれるメンバーがいるので、採用活動に安心して投資ができます。

採用するということは、採用するためのコストがかかるだけではなく、入社後の人件費や教育費用、福利厚生費などを入れると、定年まで働いてくれたとしたら、一人当たり3億円以上がかかる可能性があります。それだけの投資に値する人材は、そんなに多くないです。つまり、ちゃんと吟味しないと採用してから苦労することになります。

私が投資したいと思える人材は、次の行動を感じられる人材です。

①成果にこだわる人
②相手目線になれる人
③当事者意識の高い人
④ムードをつくれる人
⑤先読みができる人
⑥誠実で信頼できる人

過去の自分の経験では、採用するかどうか迷った人材は、入社後何か問題になることが多かったです。ですから、迷ったら採用しないと決めています。会社としても投資をするわけですが、学生も自分の人生を投資して働くわけなので、採用すると決めたなら、「入社してよかった」と心から言ってもらえる会社づくりを、社長は実践していかなければなりません。

ブラックボックスになりやすい採用活動

会社の中で営業の売上は、日単位で社内に共有されます。また、会議では新規のお客様がどれくらい増えたか、見込み客の数がどれくらい増えたかの数字について必ず議論されます。しかしながら、採用活動は日単位で数字が報告されることは稀でブラックボックスに隠されやすいのです。日々のエントリー数や説明会の予約人数、インターンシップの進捗状況や内定者の承諾状況など、リアルタイムで数字が把握できているスタッフは少ないものです。

しかし、採用力のある会社は、役員会議で採用の採用チームから数字報告を行っています。採用を成功させるためには数字の把握は極めて大切なバロメーターだからです。

例えば、弊社では就職サイトや合同説明会の集客人数も事前に予測をし、目標設定をします。目標を定める際は、過去の実績と最近の傾向と他社の状況を加味して考えます。つまり、採用活動は前年比と比較をしていく必要があるため日々の数字のデータを蓄積し、進捗確認をできるようにしておく必要があるのです。

また、内定を出して入社を決めた人と、内定を出したけれど辞退してしまった人に対して、きちんと分析をすることも大切です。これは自社でやるよりも調査会社や、コンサルティング会社に依頼するとよいでしょう。内定辞退した学生には、第三者にお願いをしてインタビューをします。選考段階のどこで魅了されたり、逆にどこで他社に入社する意思決定をしたのかをタイミングや心境も含めて確認してもらいます。内定辞退をした真の理由を探ることが、次年度の採用活動の改善にもつながるのです。学生の声を踏まえた改善をしないと、企業側としてこれがよいと思ってやったことも学生にとっては伝わっていないということになるのです。

また、説明会の予約と実際に着席する数には乖離があるものです。企業によっては予約の半数以下しか、実際に説明会に来ない場合もあります。

弊社では、事前に学生にリマインドメールだけではなく、ショートメールを打ち、確認の電話もかけるようにしています。そのため、確認の電話で参加の意思を伝えた学生は、ほとんどが出席します。つまり、当日ふたをあけてみないと学生が何人来るかわからないという状態ではなく、実際に来る数が予測できるので会場準備やスタッフのアサインもしやすくなります。

選ばれる会社と、そうでない会社には大きな違いがあるわけではありません。ＰＤＣＡを回し、ちょっとした改善を繰り返しできているか、否かです。数字は嘘をつきません。私は採用担当者のときは、毎日数字をチェックをするのが、朝の始まりでした。やるべきことをやるべきときにちゃんとやると、必ず数字に反映されます。

下手な鉄砲も数撃ちゃ、当たる的な採用活動は、時間もお金ももったいないです。狙った獲物を一発で仕留める力を持つことが大切なのです。しかし、採用担当者やリクルーターの能力は個人に依存されています。採用担当者が、採用力を高めるための教育は受けていません。また、面接官も入社動機を高める面接手法を学んでいる人は少ないです。最近は、採用力を高める研修の需要が増えています。トレーニングを受けるだけで、学生への質問の仕方、関わり方、情報の伝え方が変わるからです。この3つが変わるだけで結果が大きく変わります。

市場の変化を捉え、採用活動のイノベーションが必要

数字を見ていくと、同じ方法で採用活動をしても毎年結果は変わります。つまり市場の変化を読み解きながら、毎年、採用活動を変革させる必要があります。特に売り手市場では、年々応募数は減少します。マンネリ化させず、採用活動をイノベーションしていき、選ばれ続ける会社にしていくことが求められます。

例えば、最近の学生は就活に対する志向性が変わってきています。大学3年生の3月1日の就職解禁日からリクルーティングスーツを着て、大きな合同説明会に足を運ぶのはダサい感覚になってきています。もっと早い段階から企業でインターンシップの経験をして、自分の実績を評価され、就活解禁日より前にオファーをもらうほうが格好いいと感じているようです。

また、学生が使うツールも様々です。OB・OGと直接出会えるアプリを使ったり、自分の情報を登録して、企業側からスカウトをもらうようなサイトを活用したりしています。

そして、企業情報を閲覧する媒体は、パソコンではなく、8割以上がスマホです。自社の採用サイトもスマホで見やすくオシャレでないと魅力づけできないのです。このように学生の価値観、就活の仕方、使うツールも変化するのです。変化をつかむために、私が昔からやっているのは、就活生へのヒアリングです。就活をしている学生に聞くのが一番いいのです。

私も新卒採用に従事して15年以上たちますが、毎年毎年ブラッシュアップしています。今年は今まで以上に徹底的に学生にとってためになる場をたくさんつくります。そして、自社だけではなく他社の経営者や採用担当、現場の社員の皆様にも力を借りて、働くことの素晴らしさを実感してもらえる機会を増やします。

また、インターンシップ経験者に合同説明会のブース運営や会社説明会の座談会を担当してもらうなど、社員が学生に伝えるのではなく、インターンシップを経験した人材が、学生に経験談を伝えることに重きを置き、脚色していない情報を届けるようにしています。

さらには、書籍やメディア、WEBマーケティングなど採用活動とは違うチャネルでの露出を増やし、企業認知を高める施策を打っていく予定です。そして大学1、2年生や高校生も参加できるような企画もリリース予定です。

今年のやり方が来年通用するとは限らないことを認識し、常に新しい方法を模索することが大切なのです。

選ばれても、選ばれ方が悪かったら失敗する

内定を出して、承諾してもらったら成功と思わないでください。私がこだわっているの

は、選ばれることよりも、どのように選ばれたかです。学生の選び方が悪かったら、入社後失敗します。以下のケースは要注意です。

・働くのが、ワクワク楽しそうだから
・福利厚生や休日数など充実しているから
・残業が、少なく給料がいいから
・勤務先が、家から通えるから
・社員が、優しそうだから
・オフィスが、オシャレだから

本当に採用したい人材はどんな人材かをもう一度考えてみてください。採用担当者は、採用目標人数の達成が社内の業績評価項目なので、採用できそうなら、どんどん採用してしまう傾向があります。社長もそのことを認識し、目標設定は人数だけではなく、質も基準も必ず入れるようにしてください。

私は、次のような選び方をする学生を歓迎します。

・一番この会社を世界一の会社になるように自分を成長させたいから
・一番厳しくて大変だけれど、自己成長し、市場価値を高めたいから

・この会社が好きで、さらに自分が貢献して社会に必要とされる会社にしたいから

会社に入社したら、幸せになれるわけではありません。入社した後、自分の力で幸せや成長や豊かさを創り出ることが問われます。ですから、いい環境があるからという受動的な人材ではなく、自分で会社も自分も成長させていく能動的な人材を採用しなければなりません。

「あなたの会社に入社した人材は、なぜ御社に入社を決めましたか？」

「その選ばれた理由は、あなたが本当に求めているものですか？」

もし、求めているものであれば、あなたが惚れてほしいものに、相手も惚れてくれているので、良い採用活動ができているはずです。

しかし、ズレている場合は、改めて自社の存在意義、採用すべき人材像、何に響く人材に来てほしいかという真の御社の魅力を再定義することから始めましょう。

エピローグ
（あとがき）

企業の採用力が高まれば、日本は元気になる

内定辞退を出さないために、学生に合わせ、学生に尽くさなければならないと勘違いしないでください。例えば、いい会社に見せるために、福利厚生を充実しなければならないとか、アットホームな会社であると言わなければならないというものではないです。

私がお伝えしたいのは、「私たちの会社は、こういったポリシーの会社である」ということを明確に打ち出すことが大切であるということです。学生に合わせるという発想ではなく、自社に合う人材を採用することが大切なのです。しかし、もう一方で考えてほしいのが、もし自分が学生だったらどんな会社で働きたいか？という視点は見失わないようにし、会社を磨き続けることです。

また、新卒で入社するなら、大手企業がいいという風潮がある中でも、なぜベンチャーや中小企業に入る価値があるか、なぜ安定より成長のほうがよいかということを啓蒙することが大切だと考えています。海外は優秀な人材ほどベンチャーに入社するとも言われています。もちろん、中小ベンチャー企業で働くことに共感する学生もいれば、響か

ない学生もいます。響く学生に入社してもらえばいいのです。

私は、採用活動は社会で活躍し、幸せに生きるヒントを、少し先を行く先輩として後輩に啓蒙する活動だと捉えています。

本書に書かれていることを実践していただき、採用したい人材を確実に採用できる会社が増えることを願っています。採用したい人材は、御社にとって未来を創造するために必要不可欠な人材のはずです。そういった人材が入社するかしないかで、10年後の御社の成長が変わります。

私たちのような中小企業がビジネスにおいて、トヨタやリクルートなど大手企業と戦うことはありません。しかし、新卒採用活動では同じ土俵で戦え、しかも勝てる可能性があります。採用活動で勝つことができれば、将来ビジネスでも勝てる可能性が生まれます。

ＡＩ・ロボット化、少子高齢化など社会変化がある中で、これから採用すべき人材は、言われたとおりのことを素直にやれるオペレーション人材から、「創造力」や「変革力」のあるイノベーション人材です。今の義務教育、大学教育のカリキュラムだけでは、社会が求めている人材育成は不十分かもしれません。ですから企業としても、インターンシップや採用活動を通して、社会で飛躍できる人材を育成していく発想も必要になっていきます。

これからは、自社の採用のために内定辞退を減らしたいという発想だけではなく、日本国のためにも、経済発展のためにも、社会で活躍できる人材をいかに育成していくかが大きな鍵だと考えています。一人ひとりの学生と真摯に向き合い続けた結果、私の中でそのような使命感が生まれてきました。

まだまだ社会に影響が与えられるレベルは小さい会社ですが、これから志高いイノベーション人材を仲間に入れ、より社会貢献性の高い会社に成長できるよう挑戦していきます。本書が少しでも、御社の採用活動や組織づくりに貢献できたなら幸いです。

最後になりましたが、本書をつくるにあたって実業之日本社の菊地様をはじめ、多大なご協力をいただいた皆様に感謝申し上げます。また、社員のみんなや家族にもサポートしてもらって出版が実現できました。本当にありがとう。

２０１８年８月吉日

株式会社 Legaseed　代表取締役　近藤悦康

装丁・本文デザイン・図版作成　大場君人
DTP　アイ・ハブ
校正　東京出版サービスセンター

近藤悦康（こんどう・よしやす）

人材採用・育成のコンサルティングや就職支援事業を行う、
株式会社 Legaseed（レガシード）の代表取締役
1979年、岡山県生まれ。2009年enジャパン調査の学生が選ぶ「こんなプロになりたい大賞」において第10位。独自の人材採用手法が、テレビや雑誌をはじめ多数のメディアにも取り上げられ、NHKの『クローズアップ現代』『ソクラテスの人事』『めざせ！会社の星』、テレビ東京『ワールドビジネスサテライト』、FMラジオ・J-WAVEなどにも出演する。2013年11月に株式会社 Legaseedを設立。ゲーミングシミュレーション、アクションラーニング等を用いた人材採用や人材育成の仕組みを全国400社以上の企業に導入。研修の受講生は延べ60,000名を超える。同社も、創業5年目で社員20名でありながら年間1万人を超える学生が応募する人気企業に。「Rakuten みん就」において学生が選ぶ「2019卒インターン人気企業ランキング」では全企業中32位。中小企業、人材業界では1位となり、『日経ビジネス』でも紹介された。2018年6月には『日本一学生が集まる中小企業の秘密』（徳間書店刊）を出版している。

●株式会社 Legaseed（レガシード）ホームページ
http://www.legaseed.co.jp/

社長《しゃちょう》のための、会社《かいしゃ》を潰《つぶ》さない人材採用術《じんざいさいようじゅつ》
内定辞退《ないていじたい》ゼロ

2018年10月11日　初版第1刷発行

著　者　　近藤悦康
発行者　　岩野裕一
発行所　　株式会社実業之日本社
〒153-0044　東京都目黒区大橋1-5-1 クロスエアタワー 8F
【編集部】TEL.03-6809-0452
【販売部】TEL.03-6809-0495
実業之日本社のホームページ　http://www.j-n.co.jp/
印刷・製本　大日本印刷株式会社

ISBN978-4-408-33813-2（第一ビジネス）